六十の手習い

古文書を読む

其ノ弐　江戸の農村文書

山本光正

同成社

はじめに

本書は、もう少し深く古文書を読んでみたい、もう少し上達したいという読者のためのものです。さらにこれから近世の農村について学びたいという史学科の学生にも、入門書として役に立つものと思います。

以前に出版した本書の姉妹篇ともいえる書籍『六十の手習い　古文書を読む』（同成社刊）は、ひたすら読むことだけを目的としたものでした。ある程度読めるようになり、もう少し書いてある内容を深く知りたい、あるいはもう少し上達したいということになると、多少江戸時代のことを知らなければなりません。現存する江戸時代の古文書の大半は農村に残る文書。そこで本書では、江戸時代の村ではどのような書類が作成されたのかを、古文書を読みながら学びましょう。

学ぶといっても滔々と江戸時代の歴史について述べるわけではありません。古文書を気軽に読み、学べるように書きました。古文書は読みたくないが、江戸時代の村の様子を知りたいという方は、どうぞ史料を飛ばして読んでください。そうした使い方もできるよう工夫しています。

もくじ

はじめに　i
手習いの前に……3
手習い一　石高帳……15
手習い二　検地帳……31
手習い三　年貢皆済目録……47
手習い四　村明細帳……55

手習い五　宗門人別改帳……………………………69
手習い六　五人組帳……………………………………81
手習い七　御用留………………………………………155
おわりに　163

六十の手習い

古文書を読む

其ノ弐　江戸の農村文書

手習いの前に

一．古文書を教えて学んだこと

江戸時代の農村について記す前に、これまで古文書を教えてきて私が学んだこと、さらに日本語・日本の文字について簡単に記しておきます。古文書を読むための参考になると思います。

今私は何カ所かで古文書を読む講義をしています。最初は古文書の講義にあまり乗り気ではなかったのですが、教える以上私も何かを学び取ろうと思うようになりました。私が学び取りつつあることは、古文書を学んでいる人にも、教えている人にも参考になるのではないかと思います。

大学の史学科で近世史を専攻したからといって、すべての学生が古文書を読めるわけではありません。大学にもよりますが授業では活字化された近世の文書の講読はありますが、筆で書かれた原文書を読む授業はありませんでした。私の場合卒業論文を書くために読み始めたのです。好きだから、そして読みたくて読みだしたわけではありません。

これに対し現在の私の教え子は「読みたくて、読みたくて」授業を受けているわけです。

私は論文を書くために読み始めたのですから書いてある内容が重要で、文字や熟語の読み方は二の次でした。大学の後輩たちに古文書の読み方を教えることはありましたが、後輩たちも当然書くために読んでいたわけです。

このように古文書を読むのは論文などを書くためでしたが、なんと六〇半ば過ぎ頃になって五～六〇代以上の人たちに古文書を教えることになったのです。受講者は多少読めるから来るのだろうと思っていたのですが、まったく初めてという人も多く入門コースを開設しました。

試行錯誤の連続でしたが私にとってよい勉強になりました。まず目から鱗だったのは、受講生は皆歴史が好きで古文書を学んでいるわけではないということです。読みたいから読んでいるのです。もちろん歴史が大嫌いという受講生はいないようですが、古文書を教えながら積極的に江戸時代の歴史を教えようとしない方がよいようです。

五～六〇代以上の受講生に講義をするのは大変です。私が後輩たちに教えていたときは、後輩たちはひたすら読むことに集中しました。しかし五～六〇代の受講生には多様な知識があります。そのため古文書が読めもしないのに色々な質問をしてきます。水という字は何でこう崩すのですか。どうしてこのような書き順なのですか。どうして「あ」という平仮名がたくさんあるのですか。古文書とは何ですか……。きりがなくなります。私は「読めもしないのに考えない」と切って捨てます。雑学的な話は目の前の古文書を読むより楽しいからです。しかし一度答えると歯止めが利かなくなります。もちろん入門編より上級の講座では様々な質問に答え、興味を持ってもらえる講義をします。

ところで「古文書」は「こぶんしょ」あるいは「こもんじょ」と読みますが、歴史学の世界には「古《こ》文書学《もんじょがく》」という研究分野があります。主に江戸時代より前の文書が対象で、他者へ意思を伝達するために作成された文書の形式・材料・署名・花押等々を分析し、文書の真偽を鑑定したり、体系化したりして歴史的背景を研究する学問です。日記や書物などは古記録と呼んでいます。

あえていうなら村や町などに残された古い文書は「こぶんしょ」「古い書き付け」です。ところが「こもんじょ」といったほうが重々しい感じがするので、「こもんじょ」と呼ぶようになったのでしょう。近世の古文書は歴史を知るための重要な史料です。後世に伝えていかなければなりませんが、崇め奉る程のものでもないのです。あなたが近世に生きていたら、下手な字で一生懸命文書を作成していたかもしれません。

大学の授業では最初から現物の古文書を読む前に、活字化された史料を読みます。そのため江戸時代の文体や文章に馴染みやすい。しかし古文書講座で活字を読ませると、墨で書いていない…と拒否反応を起こします。記憶力は減退期に入り頭は固くなりつつある年頃。

意味がわからないから読めないという受講生もいます。私は乱暴な言い方ですが、意味なんぞわからなくても文体に慣れろといいます。意味がわかったとしても読めるわけがないからです。

歌舞伎役者の成田屋こと市川団十郎の家では幼少期に「外郎売り」の台詞を丸暗記するといいます。幼少期に意味がわかるわけがありません。古文書を読むための勉強で大切なのは予習より復習。そしてむずかしい文字や熟語を覚えるより「被下候」「可被下候」「被成候」「候得共」「候ハヽ」等々独特の言い回しを頭に叩き込むことです。

「意味がわからなくても読む」とは無茶苦茶と思うかもしれませんが、よく考えてください、書いてあるのは日本語の文章です。しかし受講生は文章の意味を正確に知ろうとします。大半の文書はその意味を正確に知ることなど無理なのです。なぜかといえば正確な文章で書かれていないからです。江戸時代の寺子屋では現代のような作文の授業などなかったようです。一通の文書のすべてを知ろうと思わず、どこまで知ることができるかです。

まず文書を読んでこれは借金証文とわかれば、全体像を掴んだことになります。そして貸借人の名前・利率・担保物件がわかれば多少意味がわからなくても、読めない字があってもよいのです。

下手な文章、主語も述語も曖昧な文章は曖昧な頭脳で読むしかないのです。江戸時代はこれで意味が通じていたのです。証文類の年月を見ても大体は何年何月までで日の記載はほとんどありません。現代社会では考えられないことです。ほかにもこのようなことがたくさんあります。これが江戸時代です。あるいは明治になる前の日本といってよいでしょう。

ところで現在、学校教育の一環として作文があります。「作文」という用語は文を作るという意味で古くからあるようですが、教育としての作文は近代に入ってからのようです。

古文書の読み方を教えながら多くのことを学びましたが、以上述べたことは古文書を学ぶ人、そして古文書を教える人にも参考になるのではないかと思います。

二 受講生の疑問

ここまで「まったく古文書が読めないのにいろいろ質問するな」ということを述べてきましたが、次に受講生が疑問に思ったこと、私自身もなぜだろうと思っていることを記すことにしましょう。

受講生の大半が知りたい、あるいは疑問に思っていることは「日本語」「日本の文章」などについてのようです。すなわち「なぜ崩し字で書くのか」「平仮名のこと」「旧仮名遣い」などについてです。これらのことについては研究書もあるようですが、わかりやすく書いたものはないようです。ここでは聞きかじり（読みかじり？）、推測で書いていきます。このような文章を専門家が読むことはないでしょうが、万一この文を読み噴飯ものだといったとしたらそれは国語学者・言語学者の責任です。

私が常々感じていることは、なぜ中学や高校の教科書に日本語・日本の文字などに関する項目がないのかということです。日本語・日本の文字や文章について知ることは日本の歴史を学ぶことと同じように重要だと思うのですが。

崩し字で書くということ

中国を始めとする漢字文化圏で文章を崩し字で書く国はあるのでしょうか。芸術・美術としての「書」は別です。日本においても奈良・平安の時代には文書は楷書で記されていました。

国立歴史民俗博物館の企画展示図録『日本の中世文書』（二〇一八年）によれば、太政官の正式な公文書をはじめ諸官庁の文書はきちんと楷書で書かれています。復元複製品ですが石川県加茂遺跡から出土した嘉祥二年（八四九）の加賀郡牓示札は、あえていうならば江戸時代の高札のようなものですが、みごとな楷書で書かれています。

しかし平安末から鎌倉時代に入ると崩し字の文書が多く見られるようになります。中世戦国期の文書や武将の書状に至っては、江戸時代を専攻する筆者にはお手上げの書体です。ただしすべての文書が崩し字で書かれたということでもないようで、外国への国書など楷書での文書も作成されています。

崩し字で文書を記すというのは「平仮名」の影響ではないでしょうか。平仮名については後から述べますが、最初は主に女性が使用していました。次第に平仮名の使用が広まっていったのでしょう。平仮名で書かれた紀貫之の『土佐日記』は有名です。

平仮名は漢字を崩して作られた崩し文字です。そのため平仮名の普及と相俟って公文書などを崩し字で書くことにあまり抵抗がなくなってきたのではないでしょうか。

平仮名

万葉仮名　平仮名というか仮名文字には、万葉仮名と後世変体仮名と呼ばれるようになった仮名文字があります。万葉仮名については「令和」の元号が万葉集に由来することである程度は知られるようになったようです。しかし万葉仮名は現在の平仮名の「あ・い・う・え・お」という文字のようなものと思っている人も多いようです。

万葉仮名は漢字の音を日本語に当てたものです。たとえば「波」は日本語の「ｈａ」の音に当てられていますが、「波」本来の意味である「ナミ」は無視されています。私が小学校高学年のころ、漢字の音を平仮名として使う暗号が流行りました。山本を「矢満茂登」などと書いたのです。もちろん万葉仮名はこんなに単純なものではなかったようですが。

「ｈａ」と発音する平仮名（万葉仮名）は現在では「波」＝「は」ですが、「ｈａ」と発音する平仮名はたくさんあったようです。「ｈａ」と発音する平仮名には「者」「盤」「半」「葉」「破」「八」「頗」などがあります。なぜこのように多くの［ｈａ］があるのか詳しいことは私にはわかりませんが、その原因の一つに発音があるようです。古い時代には微妙な発音があったようです。

その名残とでもいうようなものが「を」「ゐ」「ゑ」などです。私は小学校で「ウォ」「ウィ」「ウェ」と発音すると教わりました。しかし講座の受講生に聞いてみると、発音を教わっていないという人も結構いました。そのため「を」は「お」、「ゐ」は「い」、「ゑ」は「え」と発音しています。現在の学校教育ではどうなっているのでしょうか。

発音以外にも理由はあるのでしょうが、このような事情から多くの平仮名ができたようです。

もう一つ私自身推測が付かないことがあります。それは「波」がなぜ「ｈａ」と発音するのかということです。「波」にしても「者」「半」「葉」……にしても中国語で「ｈａ」と発音するのでしょうか。中国語といっても古代中国しかも地域によって発音も異なるでしょうが、「波」が「ｈａ」または「ｈａ」に近い発音であったから日本語の「ｈａ」の発音を表す平仮名になったと思うのですが。これ以上考えると頭が混乱するし、私自身大学に入り直して国語学・言語学を研究しなければならなくなってしまいます。

さて、万葉仮名つまり楷書で日本文を書くのは時間がかかります。そこでしだいに楷書を崩して書くようになり、現在の平仮名が誕生したのではないでしょうか。

平仮名　万葉仮名と平仮名が混同するような表現をしてしまいましたが、ここでいう平仮名は万葉仮名を崩して作られた「あ」「い」「う」「え」「お」のような文字のことです。ただし万葉仮名のところで述べたように、「ａ」と発音する平仮名はいくつもあったのです。江戸時代あるいはそれ以前に微妙な発音などは使われなくなったようですが、文字だけは残ったのです。たくさんあった平仮名が現在の平仮名に統一されたのは明治三三年（一九〇〇）小学校令施行規則改正によるもので、現在使用されている以外の平仮名は「変体仮名」と呼ばれるようになったようです。江戸時代の古文書を読む初心者が最も悩まされる一つがこの変体仮名ということになります。

旧仮名遣い

子供の頃、親であったか親戚のものであったか忘れましたが、「蝶々」は昔は「てふてふ」と振り仮名をふったと教えられたことがあります。この旧仮名遣いも古文書を読む受講生を悩ませることになります。たとえば「通る」は「とほる」、「大きい」は「おほきい」、「言う」は「いふ」、あるいは「……しませう」など。

戦前の書籍などは旧仮名遣いによる振り仮名がふってあります。戦前の人は旧仮名遣いの意味を知って使っていたのでしょうか。おそらくほとんどの人は学校で習ったから使っていたということでしょう。

旧仮名遣いについて書いたものはかなりあるようですが、門外漢にはよくわかりません。これもまた推測ですが、当時は「てふてふ」「おほきい」「しませう」と発音していたのではないでしょうか。それが時代と共に音便化（この表現は正しくないかもしれませんが）して、「ちょうちょう」「おおきい」「しましょう」と発音するようになったのではないでしょうか。

ところで現在「私は」「学校へいきます」と書きますが、なぜ「わ」「え」ではなく、「は」「へ」なのでしょうか。たしか私の小学校時代には主語のときは「は」、「どこどこへ行きます」というようなときは「え」ではなく「へ」です、と教わったように思います。もちろんその時それはなぜですかなどと質問した生徒はいませんでした。明治に入って文部省が決めたのでしょうか。

崩し字による文章、平仮名及び旧仮名遣いについて推測というか無責任なことを書いたかもしれませんが、ぜひ専門の研究者によってわかりやすく、そして教科書にも取り上げてもらいたいものです。

江戸時代の文字文化

多くの人々が文字を読み、文を書くようになったのは江戸時代に入ってからのことです。

江戸時代以前には領主は在地に屋敷を構え、必要のあるときは村の責任者らを集めて命令などを伝えていました。しかし江戸時代になると村々を支配していた領主は城下町に集められ、俗にいう武家屋敷に住むようになります。そうなると度々村人を呼び出すわけにはいかず、書状で意思を伝達することになります。そうなると主だった村人は読み書きができなくては務まりません。このようにして村の中に文字が入り込んでいったのでしょう。

江戸時代は多くの人が文字を読むことができたといわれています。このことを研究者は識字率が高いなどといいます。それは江戸時代には大衆向けの多くの出版物が刊行されたことからも容易に類推できます。

それではなぜ多くの人々が文字を読めるようになったのでしょうか。江戸時代には庶民教育の場として都市部に限らず寺子屋が設けられました。もちろん経済的な面から、あるいは親の教育に関する考え方から誰もが通ったわけではありません。また大きな商家などでは、仕事が終わった後先輩らが丁稚らの教育をしていたとも聞きます。

いろいろな状態で庶民教育の場があったようですが、日本人の識字率の高さは「平仮名」にあったといえるのではないでしょうか。私は日本人の発明というか作りだしたものの中で最高峰に位置するものが「平仮名」だと思っています。平仮名は四十八文字。これさえ覚えれば何とか自分の意思を相手に伝えることができるわけです。アルファベットＡＢＣ……を覚えてもすぐさま文章を書くことはできません。これは日本語という言語の特性なのでしょう。

平仮名にしても片仮名にしても恐ろしい?文字です。前述のように「いろは……」を覚えれば何とか文章を書くことができるのです。そしてむずかしい漢字に振り仮名をふることもできます。振り仮名をふるといえば、外国語にも振り仮名をふることができます。学生時代外国語の苦手であった私は、明日はテキストを読まされるというとき、英文に振り仮名をふりました。もちろん発音などまったく無視です。

江戸時代に出版された書籍の多くには振り仮名がふられています。明治になっても新聞雑誌をはじめとする出版物に振り仮名がふってありました。そのため平仮名が読めれば漢字があっても読めたわけです。

文字を読み、書くには紙や筆記具が必要です。中国では紙・筆・墨・硯を文房四宝と呼び、大切にされます。文字を書くにはいずれも重要です。紙は文房四宝の一つではありますが、紙が普及する以前にあっては竹や木の板に文字を書いたようです。日本でも木簡は有名です。江戸時代にも経木のようなものに文字を書いた事例をあちこちで見た覚えがあります。

文字を書くのに便利なものは紙です。しかし江戸時代のある時期までは紙は安価なものではなかったようです。その紙が江戸時代の中頃からでしょうか、広く普及するようになります。当然価格も安くなったことでしょう。品質は従来のままで安くなることはないでしょう。現在東京神田の古書会館で行われている古書市へいくと、和本が山のように置かれ販売されていることがあります。積んである木版本を広げて見ると、上質の和紙に刷られているものもありますが、その多くは驚くほど薄く素人の私が見ても粗悪品であることがわかります。中には楕円形に穴が開いたものがあり、驚くことにその紙に文字が刷られ製本されているのです。これはもう見事というよりほかありません。

現在和紙というと日本伝統のもの、素晴らしいものと奉ってしまいますが、文化財・伝統工芸として作られている和紙で本を作ったら値段は目が飛び出るような高値になってしまいます。歴史的には高級な和紙より粗悪な和紙がどのように作られたかが重要でしょう。

文字文化などと書きましたが、文字を媒介に江戸時代の人々は多くの情報・知識を得ることができたのです。

手習い一　石高帳

村では多くの文書が作成されました。歴史の勉強というより古文書を読む以上、村でどのような文書が作成されたのか、どのような文書が残っているのかを知っておく必要があるでしょう。まず取り上げるのは村々の石高を記した帳簿です。名称はいろいろあるようですが、江戸時代の村はあらゆる面で石高が中心になります。江戸時代の村の基準というか規模は面積ではなく、どれだけの米の収穫があるかです。村高について一言でいうのは乱暴ですが、詳細に記したらきりがないし、論文になってしまいます。

まず、江戸時代の年貢は個人にはかかってきません。村に、村高にかかってきます。それを村人に振り分けるわけです。年貢以外に人足が必要なときには、たとえば村高十石に付人足一人を提出となります。このほかにも様々なときに村高が基準になります。

ここに掲載した「信濃国郡分村高之覚」は信濃国全郡全村の石高が記されています。筆写した年代は不明ですが、とても丁寧な文字です。

【写真版】

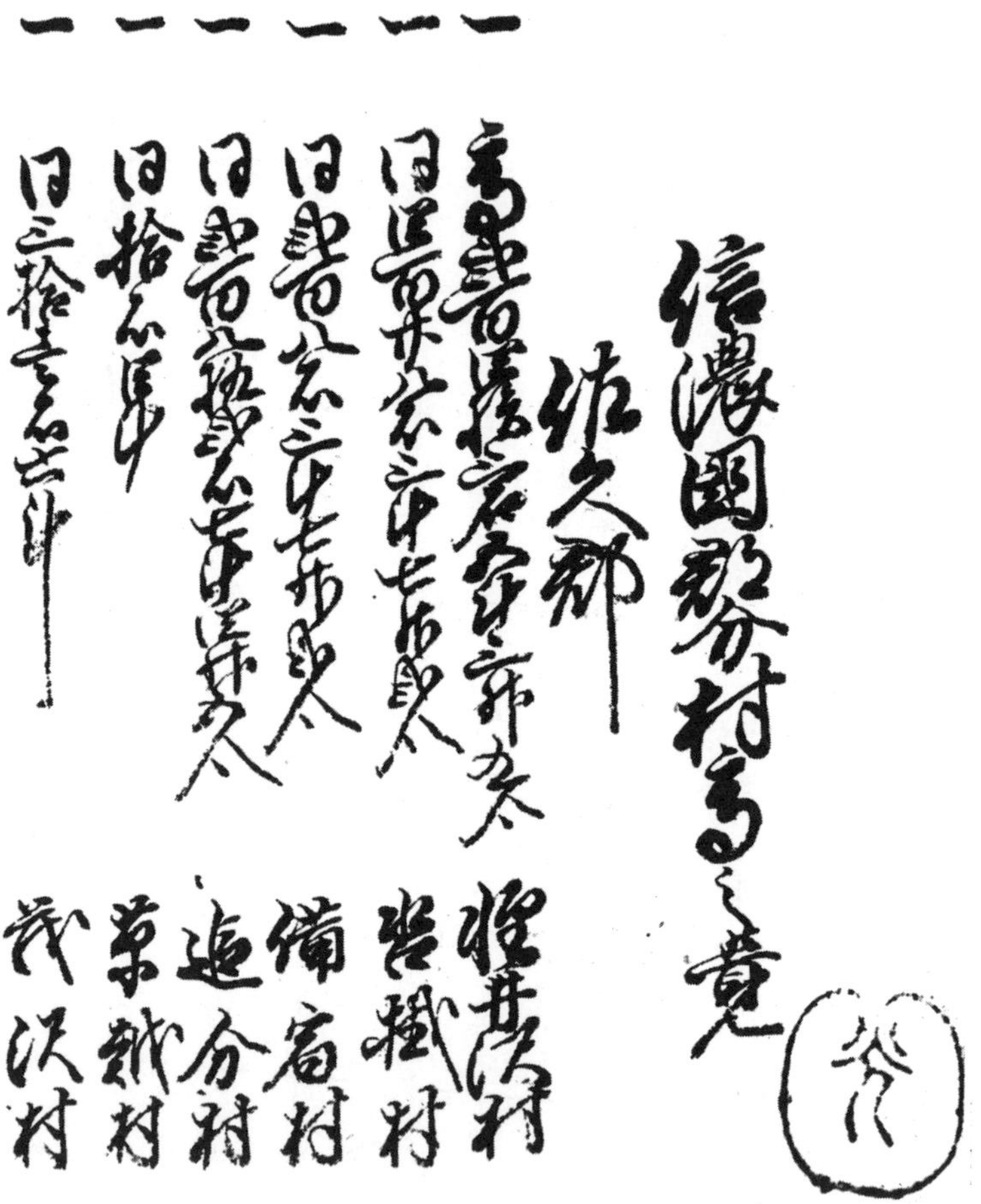

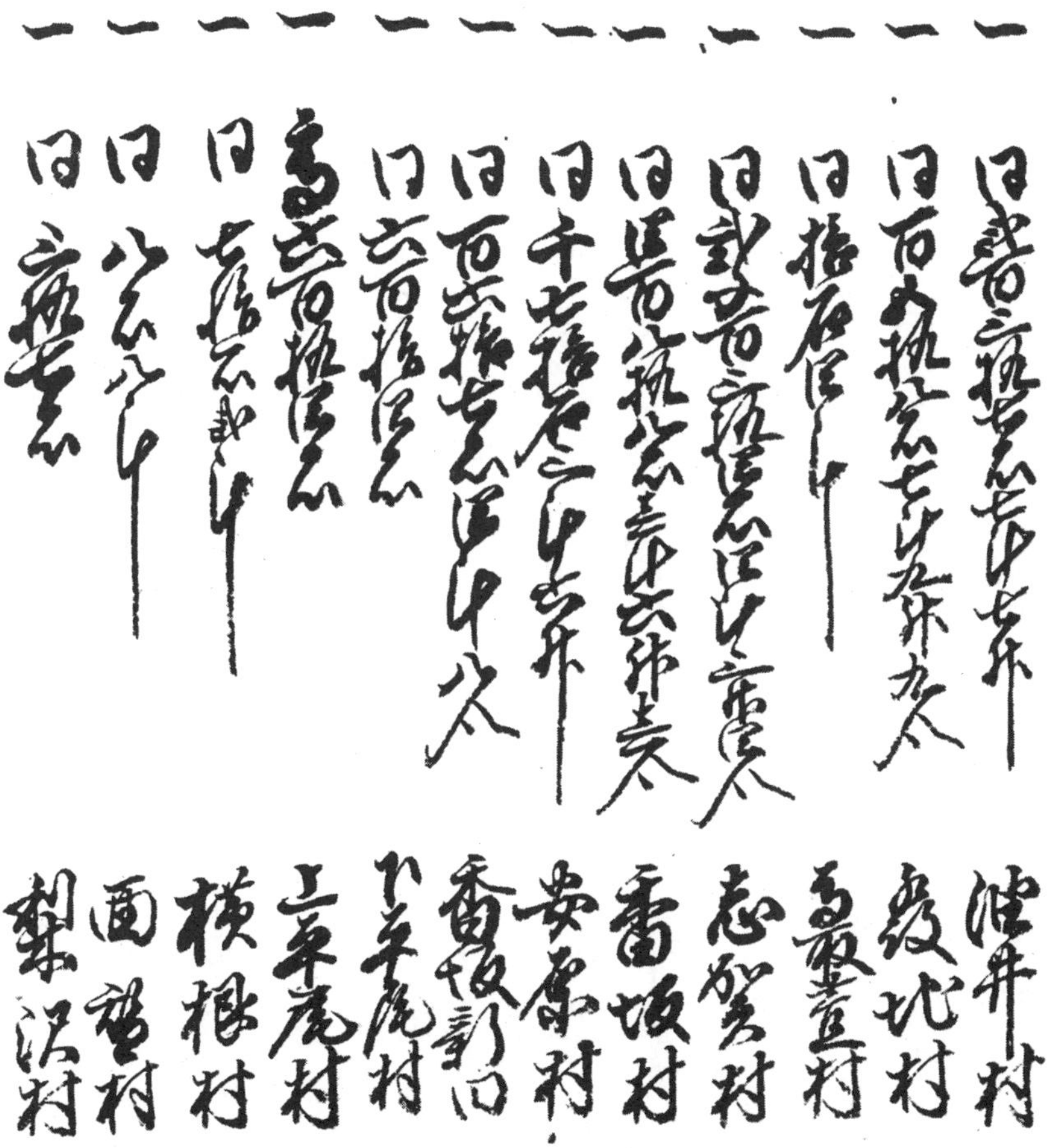

一　高三石五斗　廣戸村
一　高百拾弐石壱斗弐升六合　児玉村
一　高九百廿拾弐石三斗弐升六合　當井村
一　高六百八拾石壱斗壱升六合　前田村
一　高八百三拾石壱斗弐升三勺　御領村
一　高弐拾石　御新領
一　高百七拾石五斗　高瀬村
一　高千弐百七拾石　平井村
一　高百廿九石　柳本村
一　高百廿九石　加増村
一　高千弐百廿拾石　島戸新村
一　高五百廿七石弐斗　新町村

一　同六百拾五石　市野村
（中　略）
右者坂井郡
百八拾六ケ村
高合七万七千六百八拾八石
七斗[illegible]升[illegible]合
敦賀郡
一　高七百四拾三石五斗弐升　小和田村
一　同千九拾弐石　下葉原村

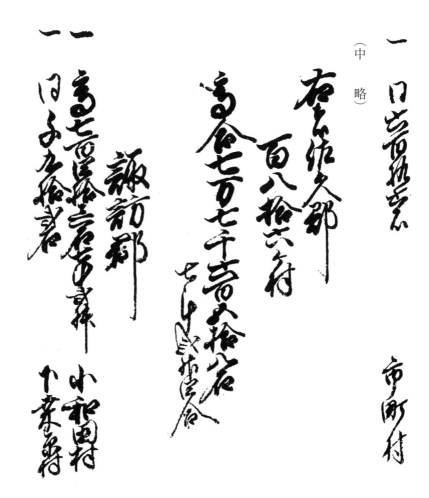

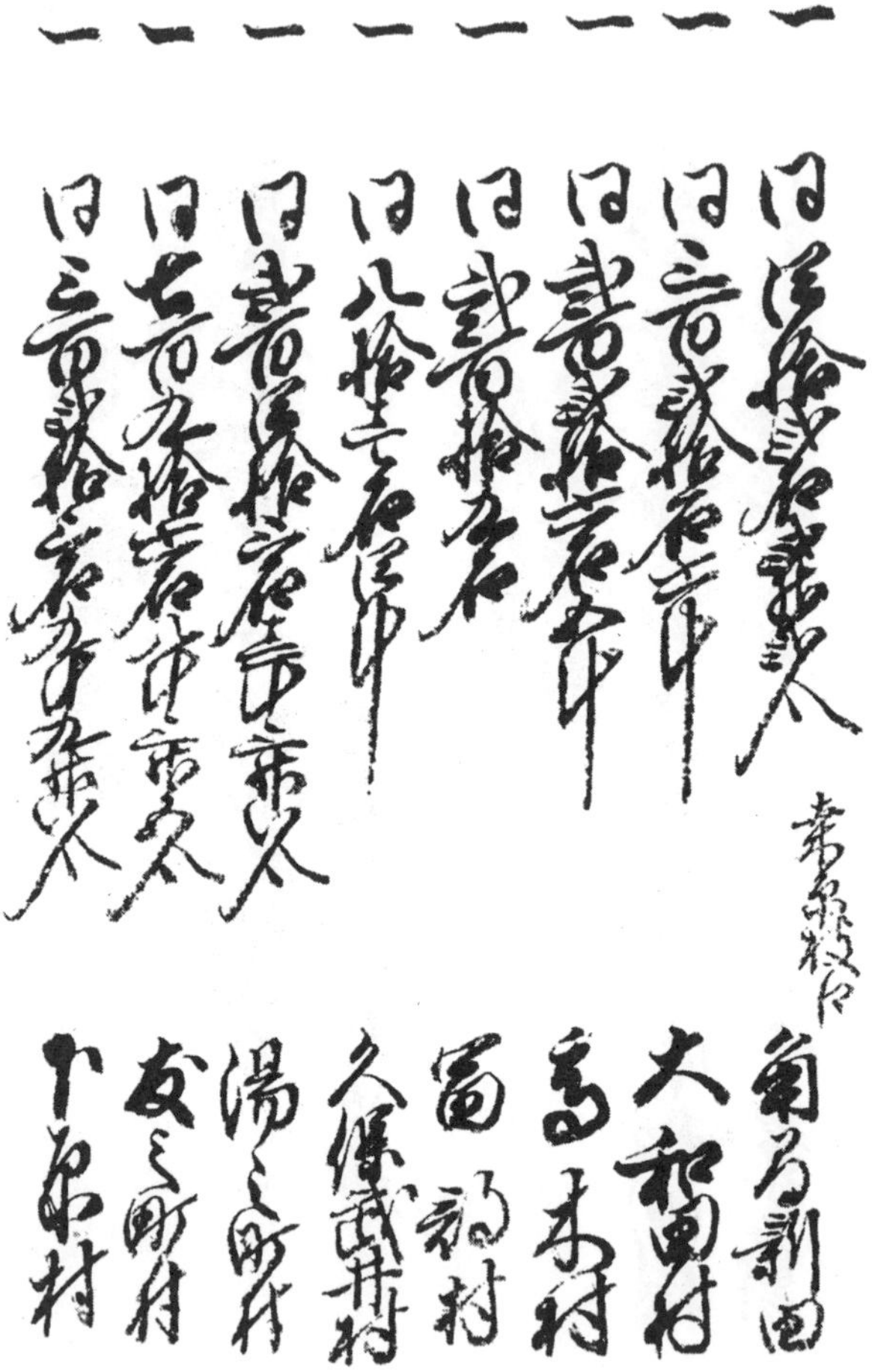

（中略。ここから高井郡）

一　高弐百七拾石五斗五升九合　善光村
一　高弐百八拾弐石四斗五升八合　志久見村
一　高壱石弐斗三升五合　[illegible]　堀ノ内新田
右高并新田百七拾七ケ村
高合弐万九千百弐拾九石五斗六合
信濃国拾郡村数
高合六拾三万五千八百拾九石五斗三升七合九勺

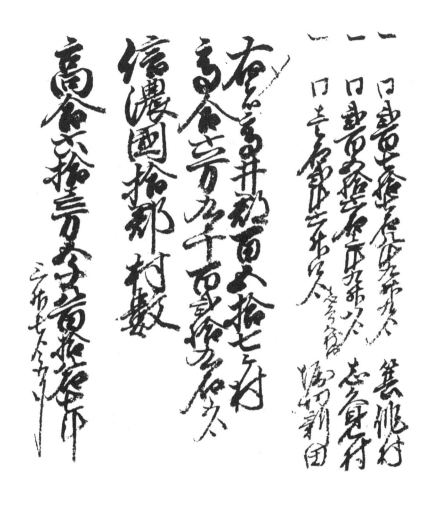

【釈文】

信濃国郡分村高之覚

佐久郡

一高弐百四拾三石五斗三升九合　軽井沢村
一同四百卅八石三斗七升弐合　沓掛村
一同弐百八石三斗七升弐合　備(借カ)宿村
一同弐百八拾弐石七斗四升五合　追分村
一同拾石四斗　草越村
一同三拾壱石六斗　茂沢村
一同弐百三拾七石七斗七升　油井村
一同百五拾八石七斗九升九合　発地村
一同拾石四斗　馬取萱村
一同弐千百三拾四石四斗三升四合　志賀村
一同四百八拾八石壱斗六升壱合　香坂村
一同千七拾石三斗六升　安原村
一同百六拾七石四斗八合　香坂新田

一同六百拾四石　下平尾村
一高六百拾四石　上平尾村
一同七拾石弐斗　横根村
一同八石八斗　面替村
一同三拾七石　梨沢村
一同三石四斗　広戸村
一同百拾六石壱斗三升弐合　児玉村
一同九百四拾三石三斗弐合　小田井村
一同五百八拾弐石壱斗六合　前田村
一同八百三拾弐石九斗弐升　御影村（景に頁だが影の誤りか）
一同弐拾三石　御影新田
一同百七拾五石六斗　馬瀬口村
一同千四百七拾四石　平原村
一同百廾三石　柏木村
一同百廾三石　加増村
一同千百四拾六石　与戸松井村

一同五百廿七石弐斗　本町村
一同六百拾六石　市町村
（中　略）
右者佐久郡
百八拾六ヶ村
高合七万七千六百五拾八石
七斗弐升四合
諏訪郡
一高七百四拾三石七斗弐升　小和田村
一同千九拾弐石　下桑原村
一同四拾弐石弐升弐合　桑原枝郷　角間新田
一同三百弐拾石六斗　大和田村
一同弐百弐拾六石五斗　高木村
一同弐百拾九石　富部村
一同八拾壱石四斗　久保武井村
一同弐百四拾三石壱斗三升八合　湯之町村

一同七百九拾六石八斗三升五合　　友之町村
一同三百弐拾三石九斗九升八合　　下原村
（中略。ここから高井郡）
一同六拾七石五升五合　　七巻村
一同六拾九石八斗　　東大滝村
一同弐百七拾七石八斗九升九合　　箕作村
一同弐百五拾六石壱斗九升八合　　志久見村
一同壱石弐斗六升四合　　志久見枝郷
堀切新田
〆
右者高井郡百五拾七ヶ村
高合六万九千百弐拾九石五合
信濃国拾郡村数
高合六拾壱万五千八百拾八石七斗
三升七合五勺

【解　説】

丁寧な文字で書かれています。しかも信濃国全域の村高帳です。ことによると筆者は村役人ではなく、藩や幕府領の役人が職務上筆写したものかもしれません。少々長きにわたって引用しましたが、久しぶりに古文書を読む方々にとっての準備体操と思い掲載しました。勘を取り戻してください。最終行の三升七合五夕の夕は勺の異体字です。
参考としてもう一つ石高帳を掲げておきましょう。

【写真版（上）と釈文（下）】

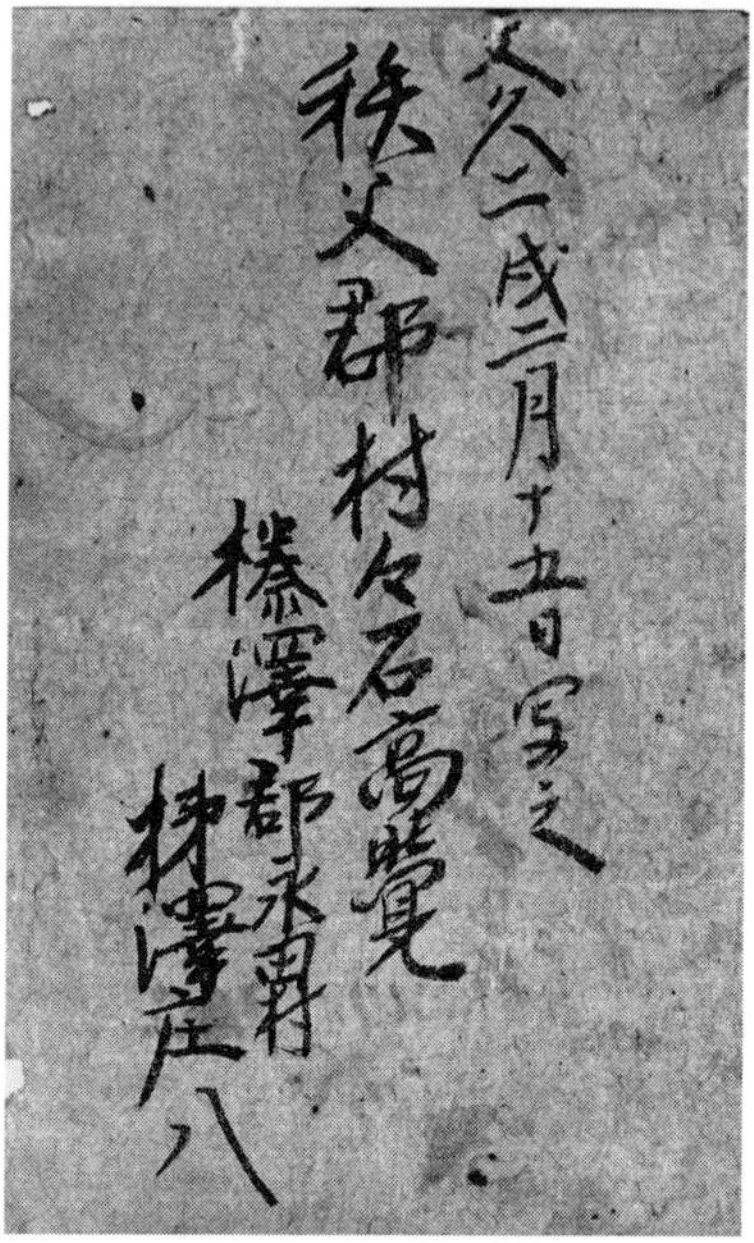

（表紙）
「文久二戌二月十五日写之
秩父郡村々石高覚
榛沢郡永田村
柿沢庄八　」

27　手習い一　石高帳

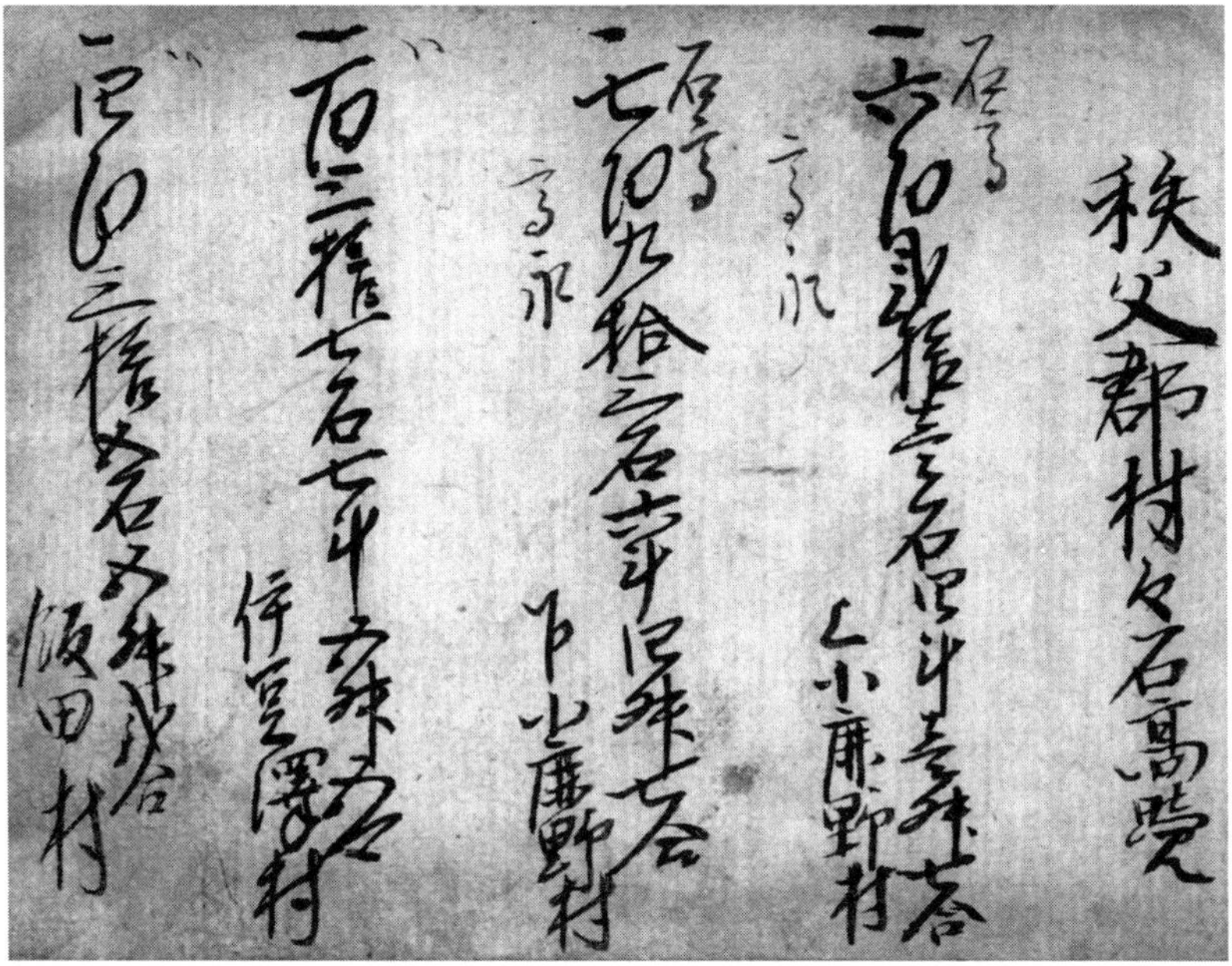

秩父郡村々石高覚
石高
一六百弐拾壱石四斗壱升七合
高永　上小鹿野村
石高
一七百九拾三石六斗四升七合
高永　下小鹿野村
同
一百三拾七石七斗五升五合
伊豆沢村
同
一四百三拾五石五升弐合
飯田村

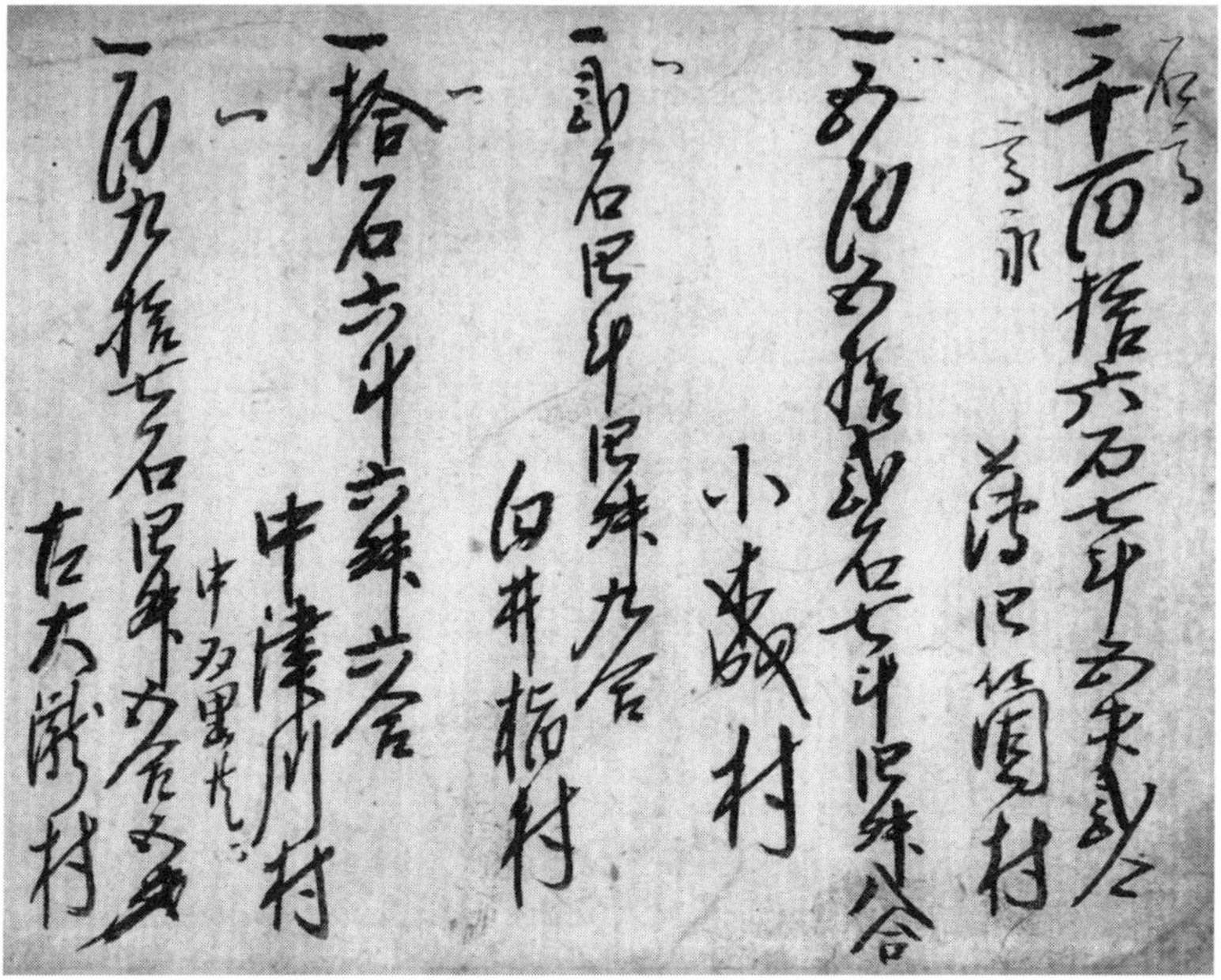

石高
一千百拾六石七斗五升弐合
高永　薄四箇村
同
一五百五拾弐石七斗四升八合
小森村
同
一弐石四斗四升九合
白井指村
同
一拾石六斗六升六合
中津川村
中双里共ニ
同
一百九拾七石四升五合五夕
古大滝村

【解　説】

この石高帳は現在の埼玉県の秩父郡のものですが、写したのは榛沢郡永田村の柿沢氏です。何らかの都合で他郡の石高帳が必要だったのでしょう。筆者の杮沢の「杮」は柿の異体字です。古大滝村の石高「百九拾七石四升五合五□」の□は夕＝勺でしょう。

手習い二

検地帳

検地帳とは土地台帳のことで、水帳とも呼びます。領主は年貢徴収のために面積を測量(検地)し、どれほどの米が収穫できるかを調査し、最終的には村の米の取れ高、つまり石高を決めます。どのようにして石高が決められたのかについて、何とかわかりやすく記してみましょう。ただしあくまでもこれは図式的なもので、地域や藩領などでは多様な方法があったようです。

さて、地味を考慮して米の収穫高を決めることを石盛《こくもり》といいます。古くは斗代ともいったとのことです。石盛では一段当りの高をきめます。その方法はまず石盛をする田の坪苅(一坪だけ苅取)をします。一升の籾付の米がとれたとすると、一段ではその三百倍(一坪×三〇〇＝一段)で、三石の籾付の米がとれたことになります。三石の籾付の米の籾を取れば一石五斗になります。そこでその田の石盛は一石五斗となります。

米の収穫量により田畑は上田・中田・下田そして上畑・中畑・下畑に分類されます。ときには下々田・下々畑などの等級も設けられます。上田の米穀収穫量は様々ですが、一般的には上田一石五斗でこれを石盛十五といいます。次いで中田は十三、下田は十一。上畑は一石三斗＝十三、中畑は十一、下畑は九そして屋敷地は一石三斗すなわち十三ですが、何度もいうようにこれはあくまでも一応の基準にすぎません。たとえば幕府の領地であった尾花沢では上田二石四斗、中田二石一斗、下田二石、下々田一石五斗でした。さらにすべて坪苅をして米の取れ高を算出したというわけでもありません。

上田の石盛が一石五斗と決まれば、一筆が三畝の上田は四斗五升の収穫ということになります。こうして一筆ごとに決められた高を通常分米といいます。分米を一村ごとに合計すれば村の石高となり、一郡一国の石高が算出されるわけです。

検地帳は支配そして税の基本となる帳簿というわけです。

それでは検地帳を読んでみましょう。この検地帳は慶長七年に作成された下総国印旛郡橋本村（現千葉県白井市）のものです。

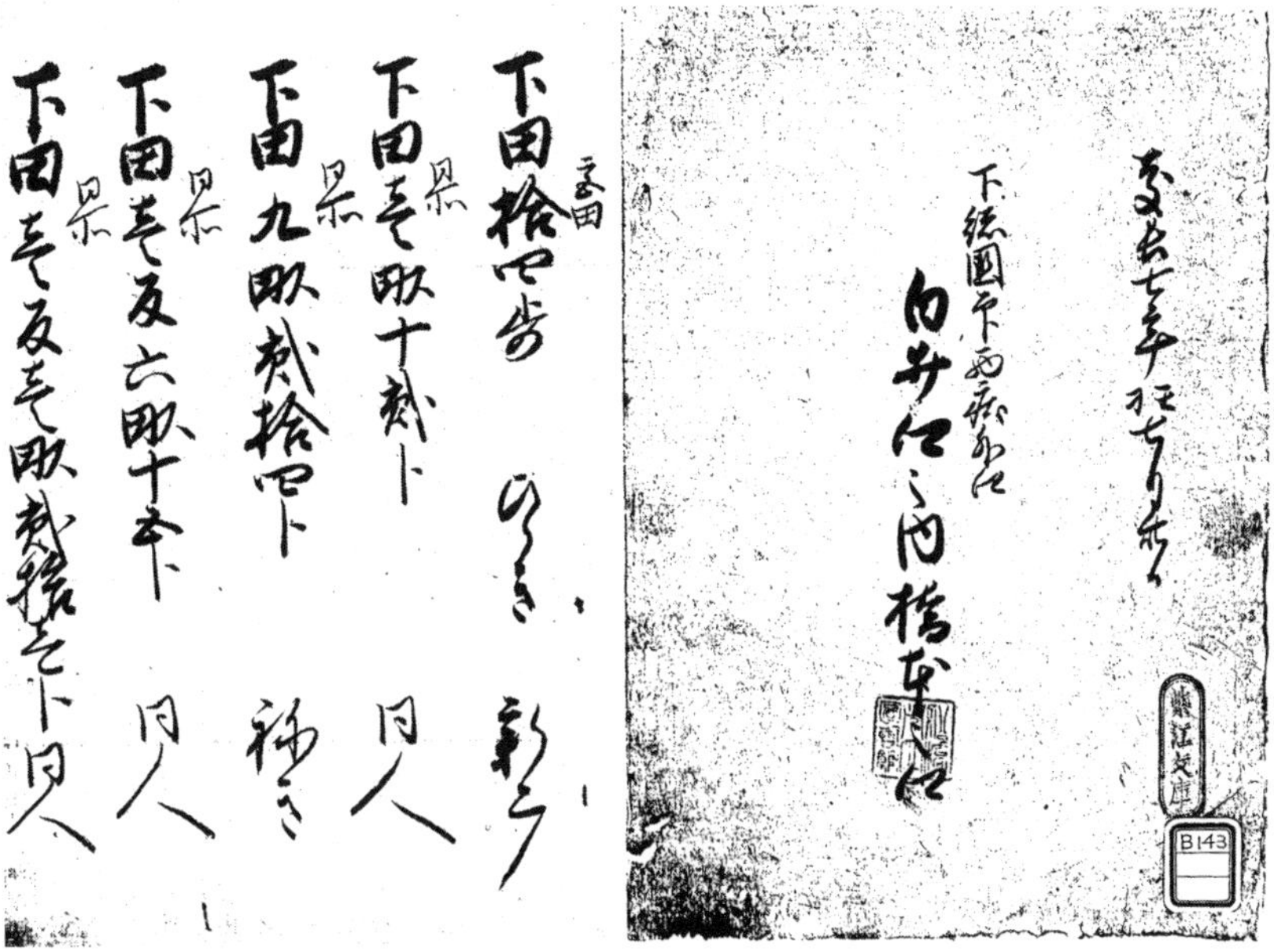

【写真版（上）と釈文（下）】

（表紙）
「慶長七年壬刁（寅）七月卅日
下総国印西庄外郷
白井郷之内橋本之郷」
宮田
下田拾四歩　ひらき　新二郎
同所
下田壱畝十弐歩　同人
同所
下田九畝弐拾四歩　ねき
同所
下田壱反六畝十五歩　同人
同所
下田壱反壱畝弐拾壱歩　同人

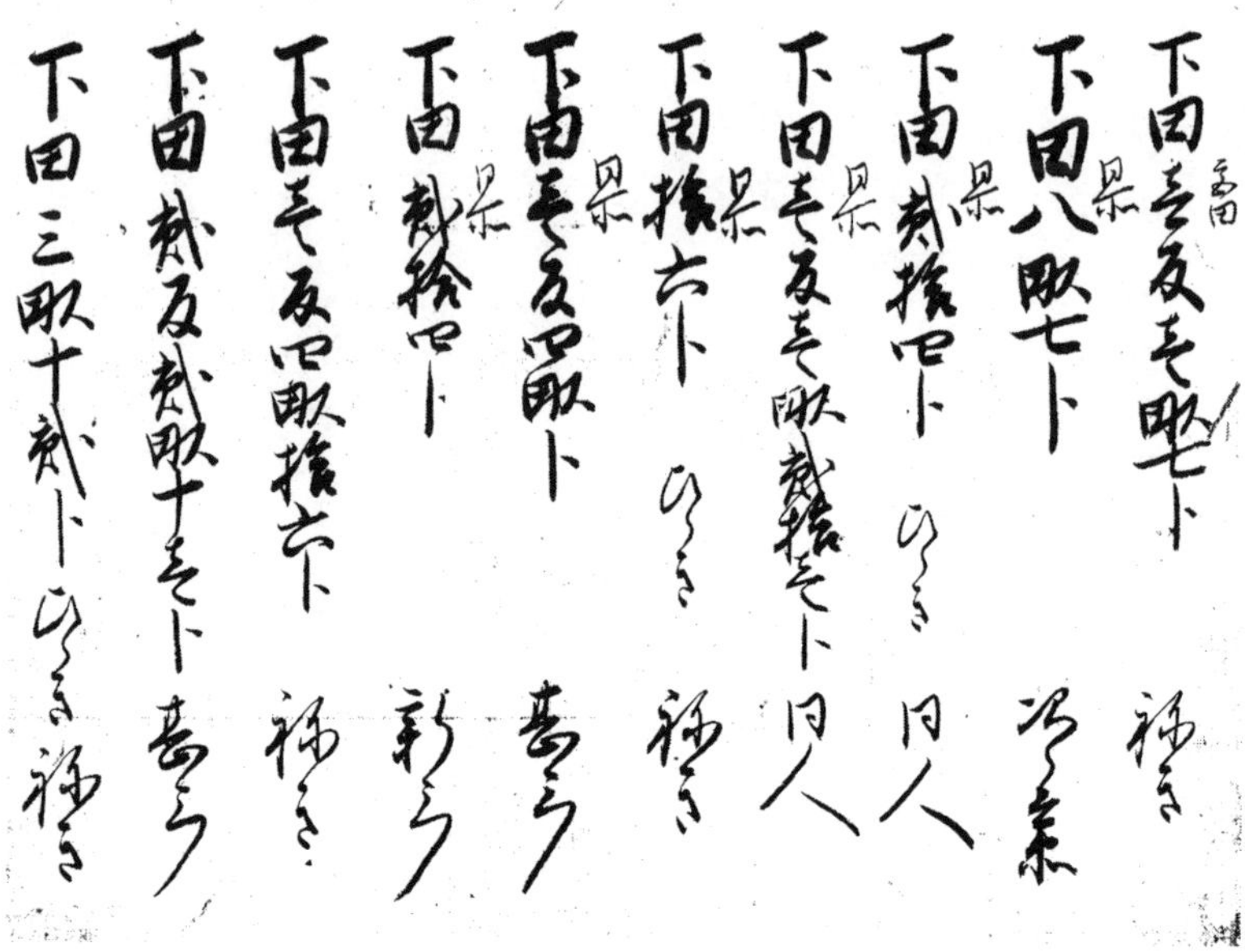

宮田
下田壱反壱畝七歩　ねき
同所
下田八畝七歩　次郎兵衛
同所
下田弐拾四歩　ひらき　同人
同所
下田壱反壱畝弐拾壱歩　同人
同所
下田拾六歩　ひらき　ねき
同所
下田壱反四畝歩　甚三郎
同所
下田弐拾四歩　新三郎
下田壱反四畝拾六歩　ねき
下田弐反弐畝十壱歩　甚三郎
下田三畝十弐歩　ひらき　ねき

（中　略）

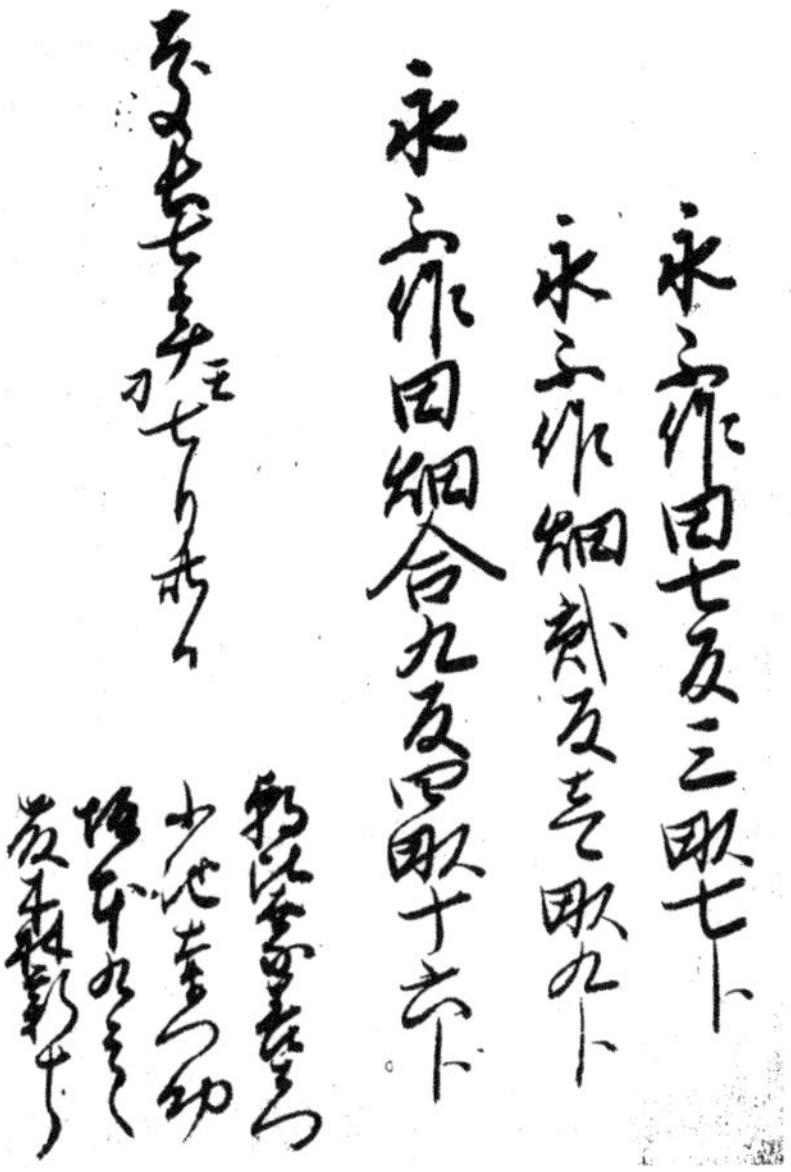

（中　略）
永不作田七反三畝七歩
永不作畑弐反壱畝九歩
永不作田畑合九反四畝十六歩
慶長七年壬刁七月卅日
朝比奈善右衛門
小池□助
坂本九兵衛
藤森新十郎

＊千葉県船橋市　船橋西図書館蔵

【解　説】

表紙および最後に記されている年号の干支壬寅の刁は寅の異体字です。下田の下に記されている文字を「ひらき」と取りあえず読みましたが、「ひゝき」かもしれません。「ねき」は神官の禰宜のこと、「永不作」は収穫不能となった土地のことでしょう。
ここで問題になるのは片仮名の「ト」のような文字です。分の略字というか異体字というか何とも形容しがたい文字です。ことによると文字研究の世界では常識かもしれませんが、一般的にはよくわからない文字です。この検地帳で最初の行に「下田拾四歩」と記載があったので、以下「下田一畝十弐ト」を「歩」としましたが、「ト」は「分」の略字としてよく使用されます。おそらく近世史研究者の多くは前後の事情から「分」としたり「歩」としたりしているのではないでしょうか。

将棋の駒の「歩」の裏に「と」とありますが、これについては諸説あるようですが、「歩」—「ト」も何か関連があるのでしょうか。

ここで参考にもう一点検地帳を掲げておきます。

【写真版（表紙のみ、釈文を下に表示）**】**

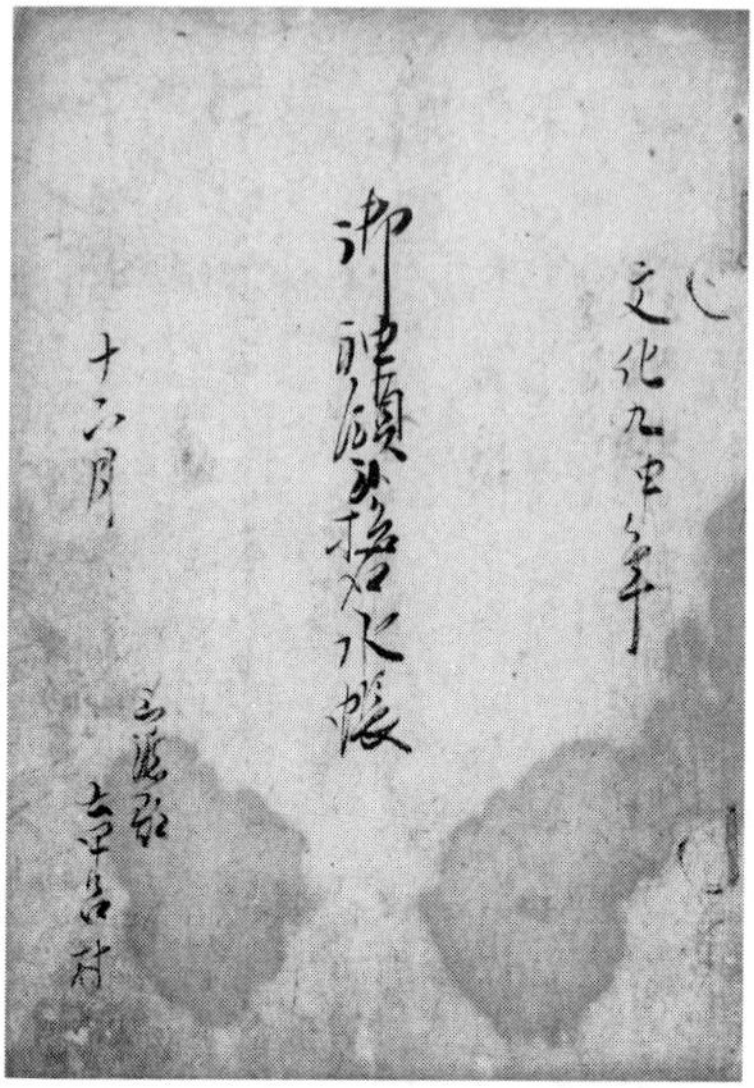

（表紙）
「　文化九申年
御神領弐拾石水帳
十二月　　三潴郡
土甲呂村　」

37　手習い二　検地帳

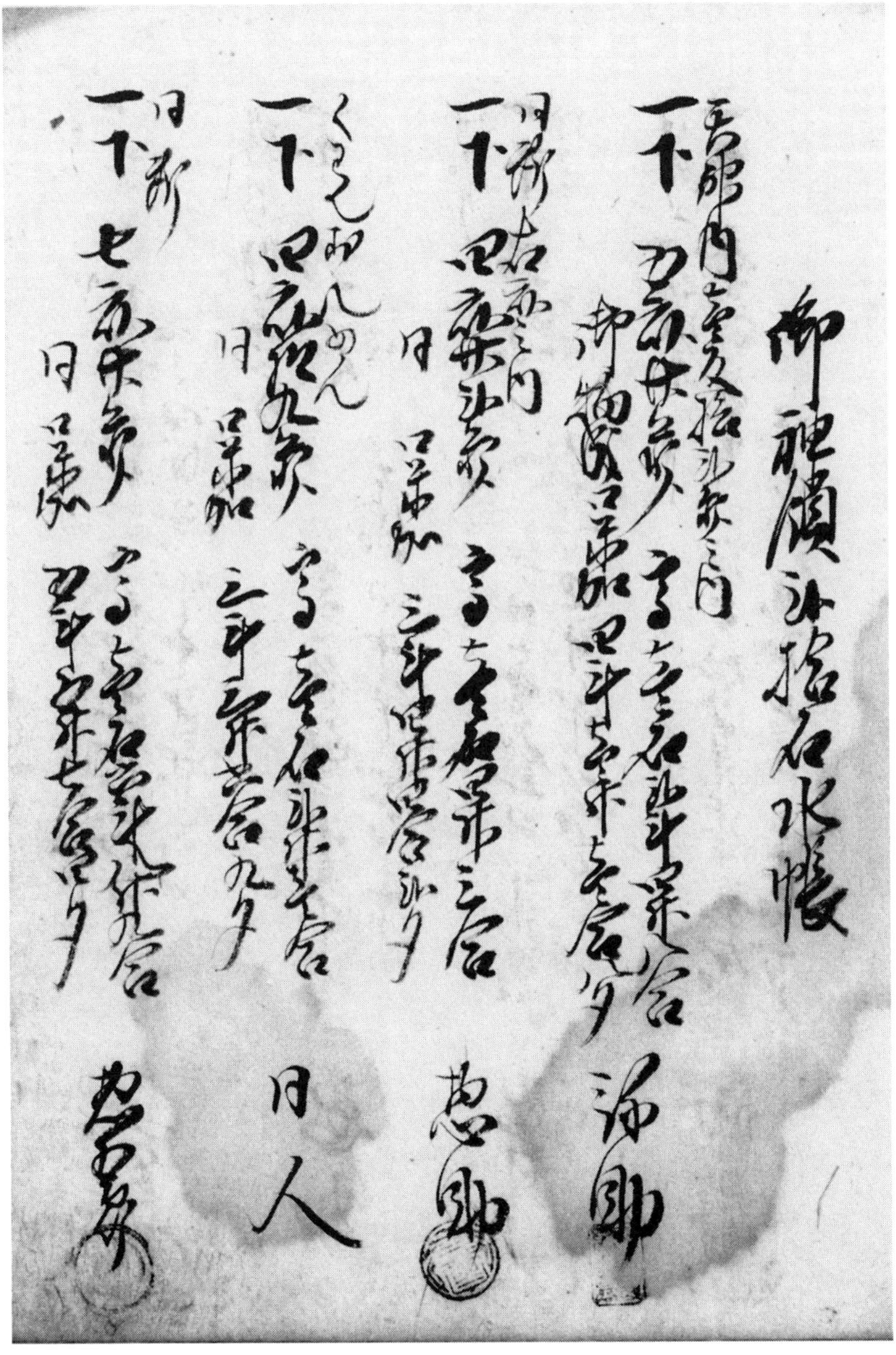

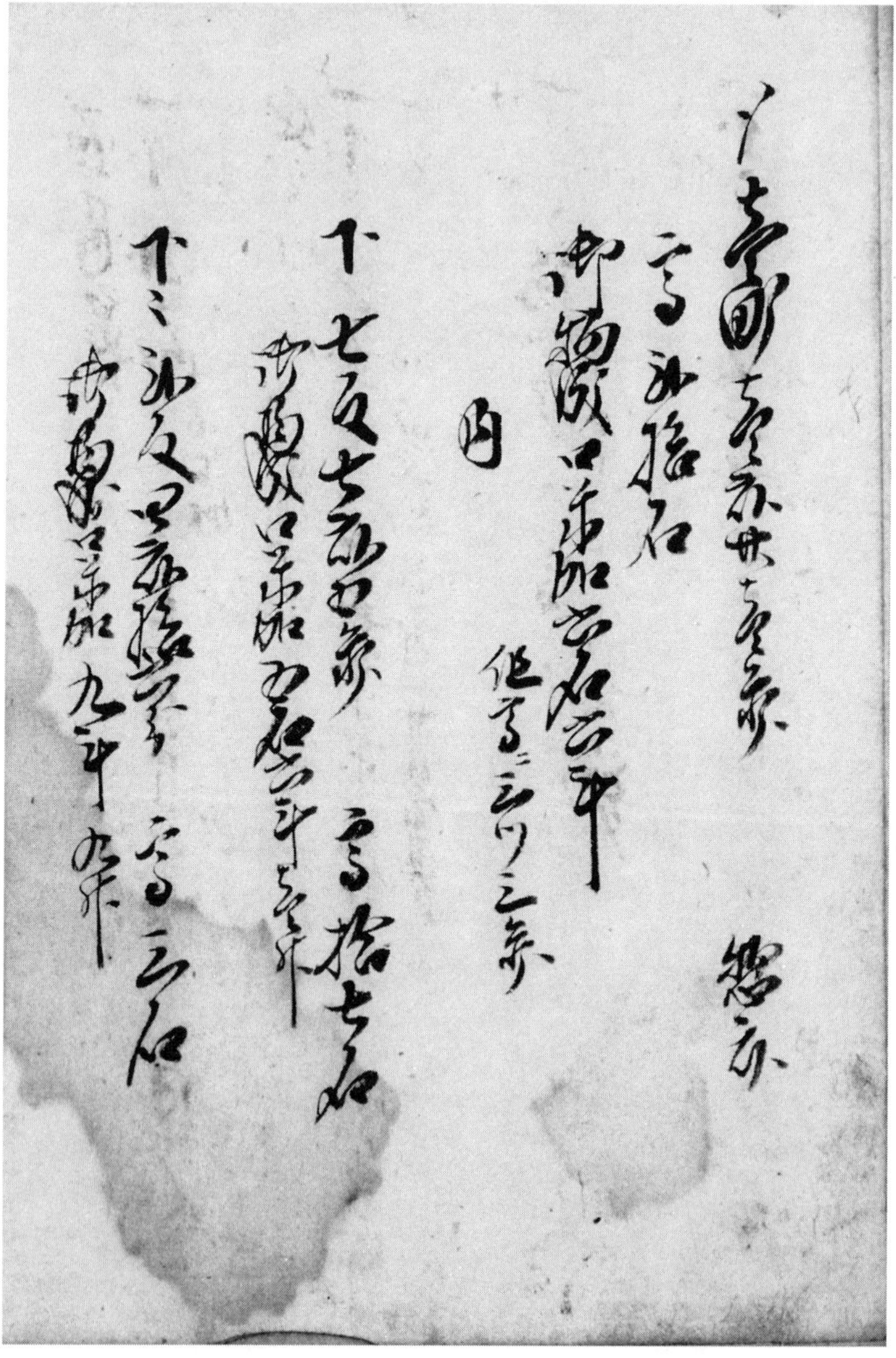

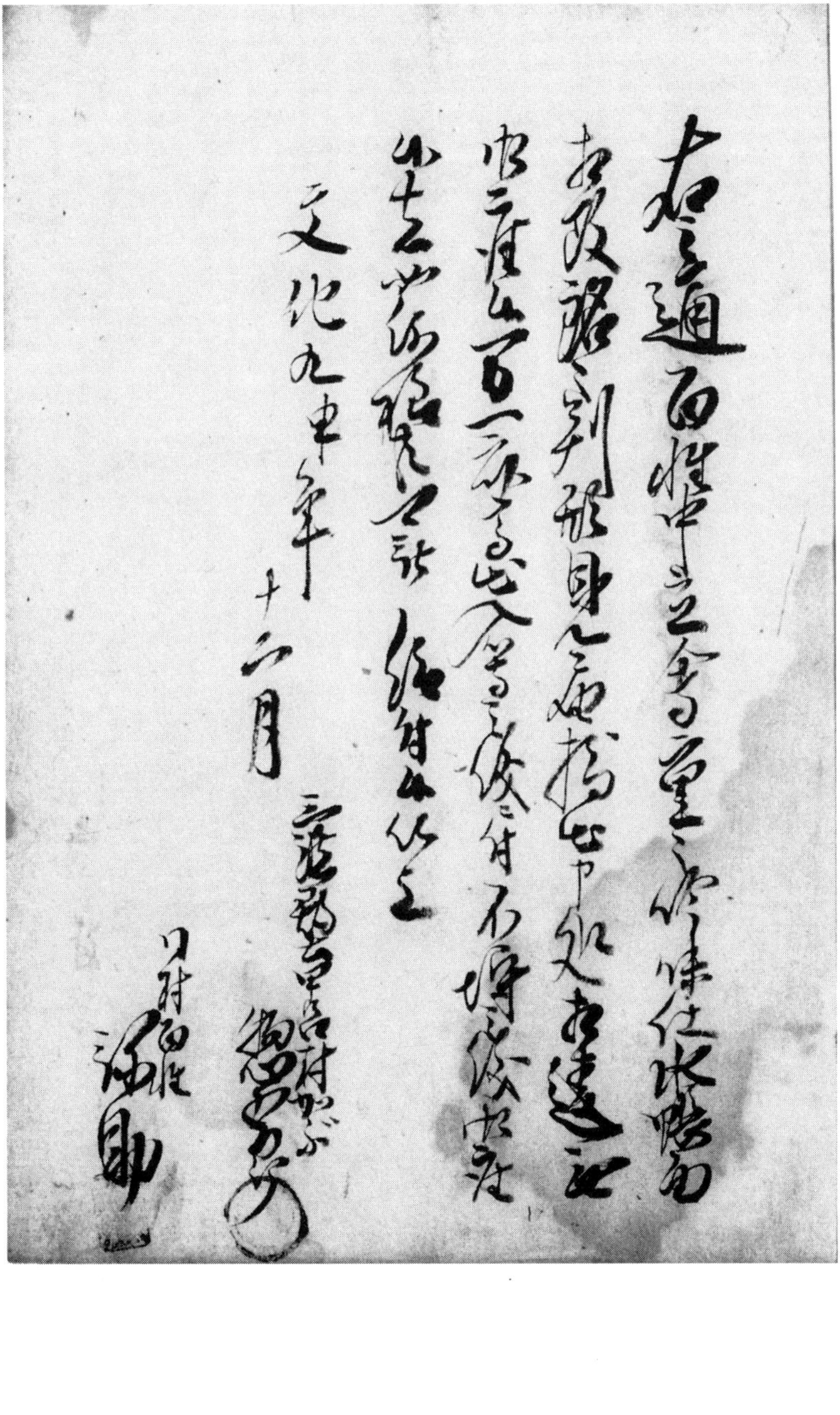
文化九申年　十二月

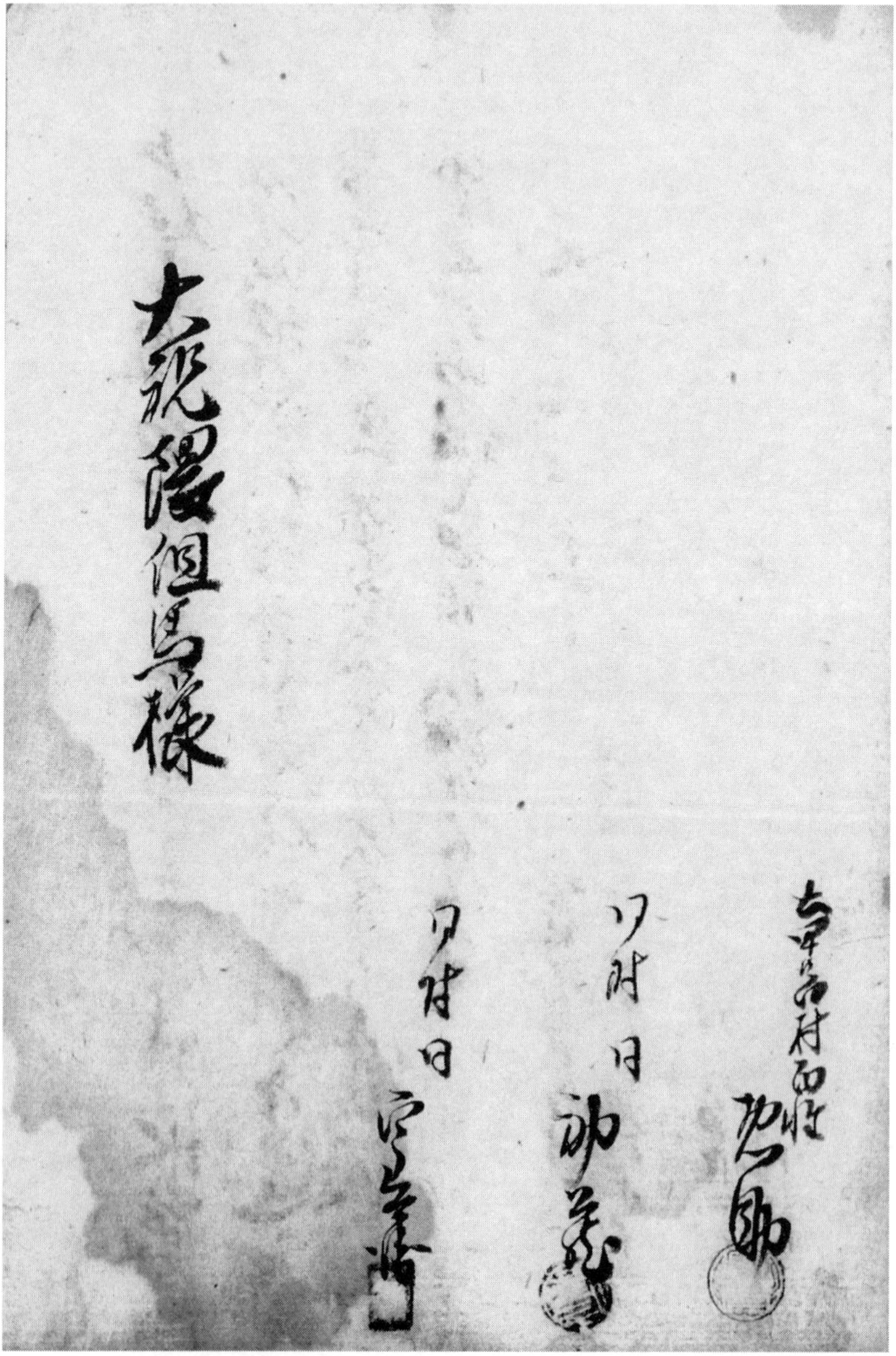

【釈　文】

御神領弐拾石水帳
天神内壱反拾弐歩之内
一下　五畝廿歩　高壱石弐斗四升八合　弥　助印
御物成口米加四斗壱升壱合八夕
同所右畝之内
一下　四畝廿弐歩　高壱石四升三合　惣　助㊞
同　口米加三斗四升四合弐夕
くわんおんめん
一下　四畝拾九歩高壱石弐升壱合　同　人
同　口米加三斗三升六合九夕
同所
一下　七畝廿歩高壱石六斗八升九合　惣五郎㊞
同　口米加五斗五升七合四夕

（中　略）

〆壱町壱畝廿壱歩　惣　畝

高弐拾石
御物成口米加六石六斗
但高ニ三ッ三歩
内
下　七反七畝五歩　　高拾七石
御物成口米加五石六斗壱升
下々弐反四畝拾六分　　高三石
御物成口米加九斗九升
右之通百性中立会、重々吟味仕水帳面相改銘々判形見届指出申処相違無御座候、万一畝高出入等之儀ニ付、不埒之儀御座候者如何様共可　被仰付候、以上、
文化九申年　　三潴郡土甲呂村かぶ
十二月　　惣五郎㊞
同村百性
弥　助印

土甲呂村百性
惣　助㊞
同村同
初　蔵㊞
同村同
宇兵衛印

大祝隈但馬様

【解　説】

この検地帳（水帳）は現在の福岡県久留米市に所在する玉垂宮のものです。当社は本来、大善寺玉垂宮と称し、寺院と神社が一体化した典型的な神仏習合の神社でしたが、明治二年の廃仏毀釈により大善寺が廃されています。由緒の古い寺社で江戸時代には徳川吉宗から寺領三百石を寄進されています。大祝とは「おおはふり」「おおほうり」と読み神官のことです。隈氏は当社の大祝でした。
検地帳をはじめ各種帳簿類の書式などは地域によって変わり、その内容を理解するのは大変です。検地帳に限らず次に読む年貢関係文書にしても、その全文を読者がわかるように説明するなどということはできません。おそらく多くの読者は日本史の辞書やインターネットで検地や年貢のことを調べ

大方儀全圖

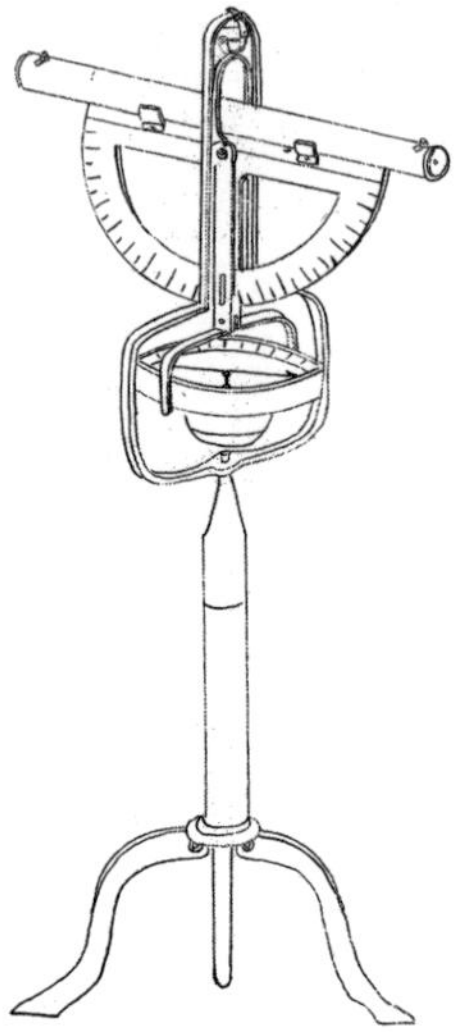

其五
針盤磁石の圖

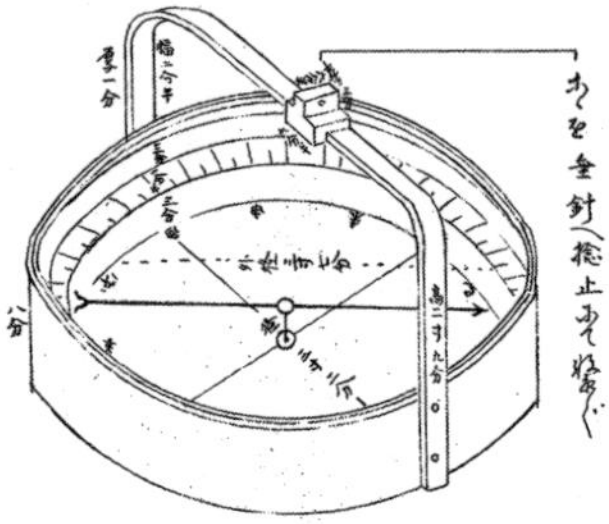

一 高低を量る法ハ大方儀を其地へ立て表準の如く目的を見通し高低の度を求む其図左の如し

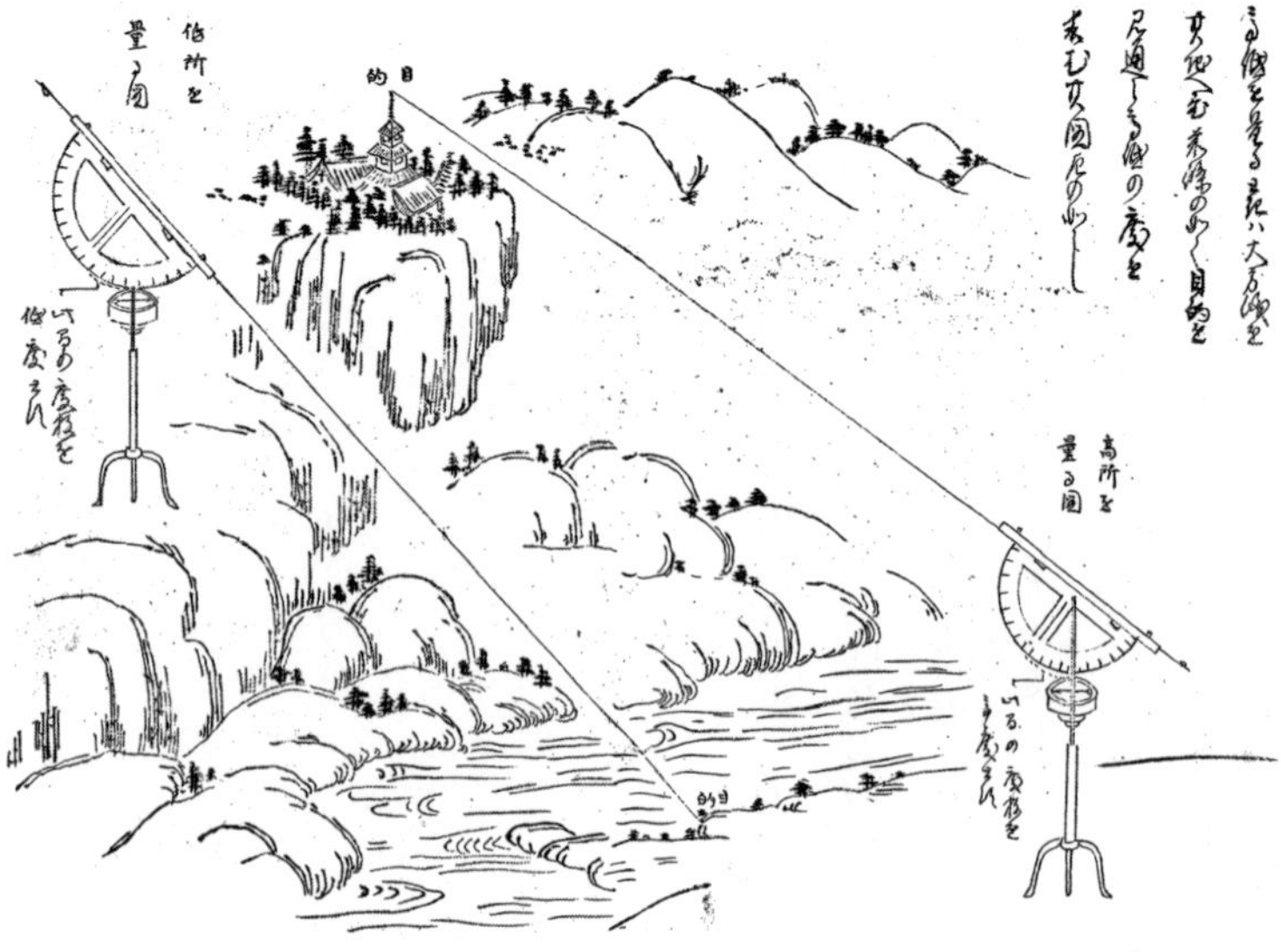

れば調べるほどわからなくなるでしょう。それはわれわれ歴史研究者の責任でもありますが。

土地の測量に関する書籍も多く出版されています。右に『算法地方大成』という本に描かれている測量器具を掲げておきました。

本書は木版本として出版されたものですが、ここに掲載してある本は写本つまり手書きです。この写本は文字も図もきわめて丁寧に書かれています。おそらく販売するために作られたものでしょう。江戸時代には販売を目的とした木版本の写本が多く作られました。木版本の値段が高かったからでしょうか。また読むほうも写本であっても丁寧に書かれたものであれば木版本か写しかはあまり気にしなかったようです。

写本は文字の上手な下級武士がアルバイトに作ったものも多かったようです。江戸時代の貸本屋の本にも写本がずいぶん混じっていたようです。

手習い三

年貢皆済目録

土地を測量しその土地からの収穫量が決定するとその土地に年貢が賦課されます。年貢徴収のため村々には領主から「年貢割付状」などと呼ばれる書類が届きます。そして年貢を納めると領主から「年貢皆済目録」が発行されます。記載内容に大きな違いはないのでここでは「年貢皆済目録」を提示しますが、まず一般的な年貢の徴収について記しておきましょう。

税ということになれば、取る方も取られる方も一番大きな問題は税率ですが、税率のことは「免」と呼んでいました。免五つ→税率五割です。

税率の決定は実際の収穫により税率を決定する「検見法」「見取法」がありました。これに対し過去何年間かの収穫を平均して税率を定める「定免法」もありました。年貢のことを述べ始めると本書が古文書を読むための本なのか、農村史そのものの本なのかわからなくなるし、私自身年貢に詳しいわけではないので、読者の皆さんは年貢関係の書類はこういうものかという程度の知識というか認識をとりあえず持ってください。よほどでない限り現在の税について詳しい人はいないと思います。江戸時代の人もみんな年貢に詳しかったわけではありません。
次に掲げる年貢皆済目録は現在の静岡県静岡市葵区水見色のものです。

【写真版】

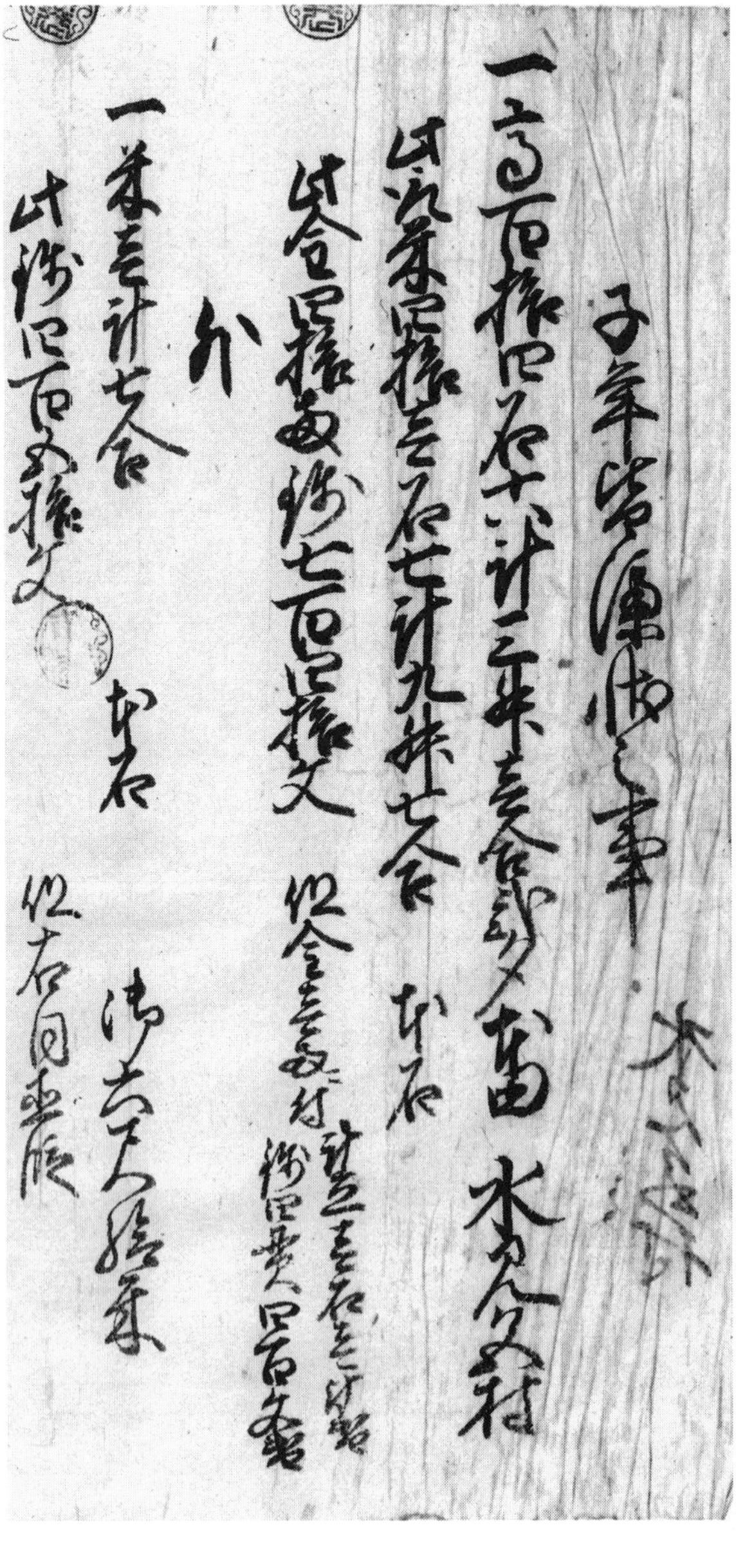

49　手習い三　年貢皆済目録

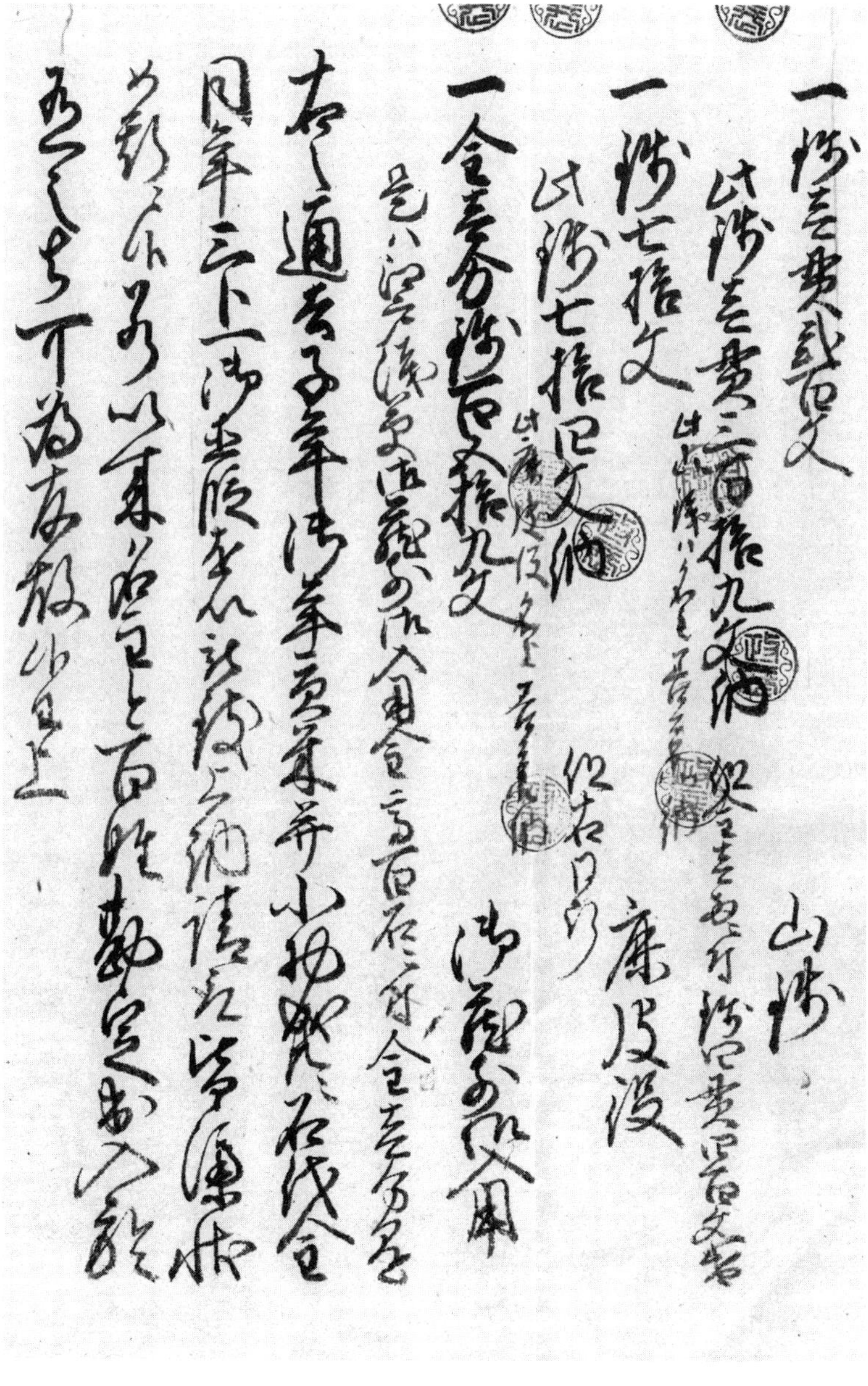

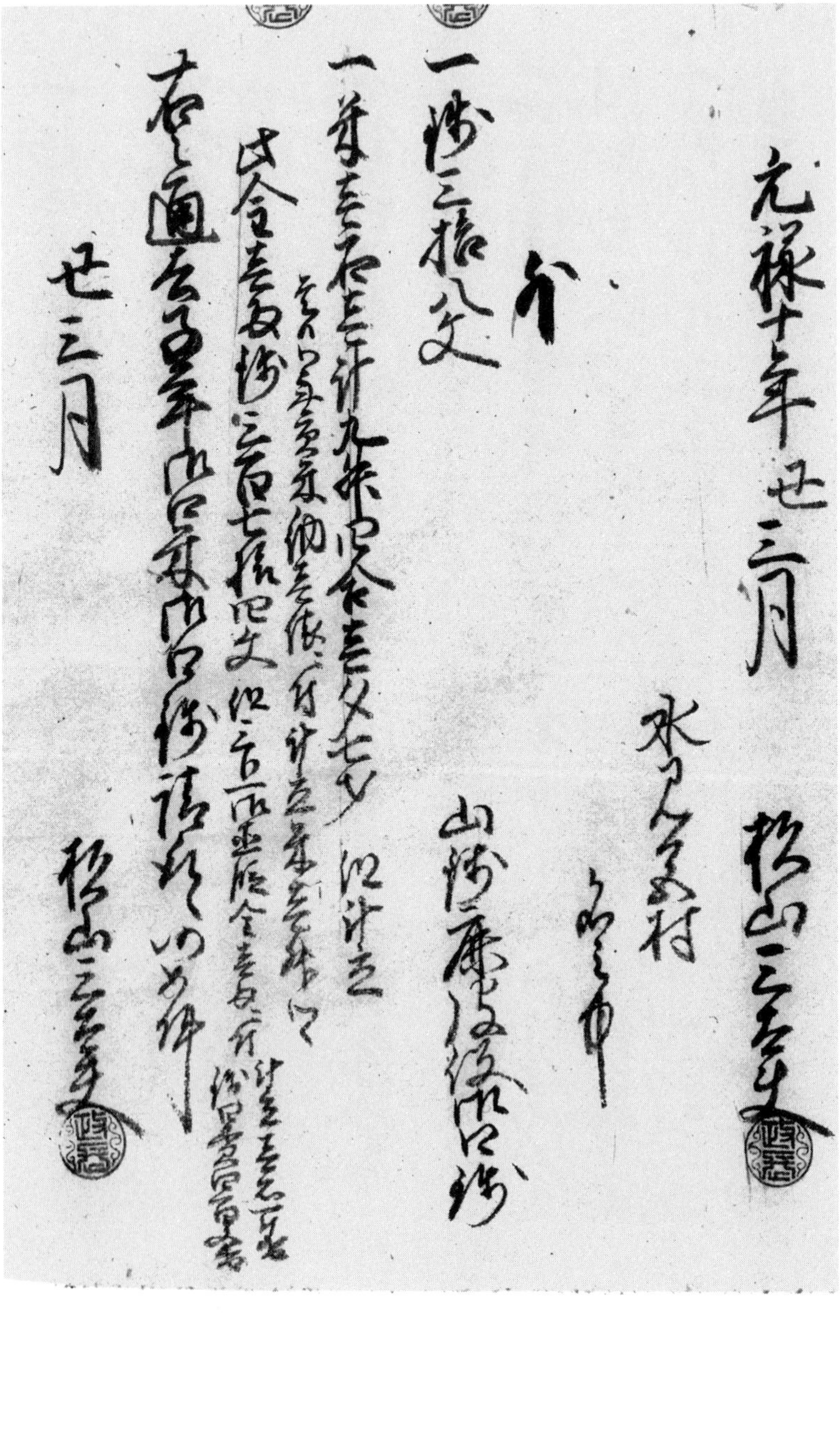
元禄十年丑三月
覚
一 銭三拾八文
丑三月

【釈　文】

子年皆済状之事
一高百拾四石六斗三升壱合弐夕　本田　水見色村
此取米四拾壱石七斗九升七合　本石
此金四拾両銭七百四拾文　但金壱両ニ付　斗立壱石壱斗替
銭四貫四百文替
外
一米壱斗七合　本石　御六尺給米
此銭四百五拾文　但右同直段
一銭壱貫二百文　山銭
此銭壱貫三百拾九文納　但金壱両ニ付銭四貫四百文替
此山銭ハ名主善兵衛納
一銭七拾文　鹿皮役
此銭七拾四文納　但右同断
此鹿皮役名主善兵衛納
一金壱分銭百五拾九文　御蔵前御入用
是ハ江戸浅草御蔵前御入用金高百石ニ付金壱分懸
右之通去子年御年貢米并小物成共ニ石代金

同年三分一御直段を以被致上納請取皆済状
如斯ニ候、若以来名主と百姓勘定出入於
有之者可為反故候、已上、
元禄十年丑三月　　　　　　　　　　　　　　　　　　　　　　　杁山三太夫㊞
水見色村
名主中
外
一銭三拾八文　　　　　　　　　　　　　　　　　　　　　　　山銭鹿皮役御口銭
一米壱石壱斗九升四合壱夕七才　　　　　　　　　　　　　　但斗立
是ハ御年貢米納壱俵ニ付斗立米壱升ツ、
此金壱両銭三百七拾四文　但三分一御直段金壱両ニ付斗立壱石一斗替銭四貫四百文替
右之通去子年御口米御口銭請取候、仍如件
丑三月　　　　　　　　　　　　　　　　　　　　　　　　　杁山三太夫㊞

【解　説】

年貢には税率を決めて徴収する厘付取り（厘取）と、税率を定めず一反に付きどれほどと決めて徴収する反取がありました。厘取には田畑の面積は必要ありません。これに対し反取は反当たりたとえば三斗・四斗と税がかかるので、面積の記載が必要になります。

ここに示した皆済目録によれば、水見色村は厘取だったようです。村高一一四石六斗三升一合二夕に対し四一石七斗九升七合の年貢を徴収されています。税率は約三割六分四厘で村高にくらべ税が低いようです。水見色に行ったことはありませんが、静岡市葵区とはいっても標高三〇〇メートル前後の山地の村のようです。このようなことから村高に対し税が低かったのでしょう。税には本途物成《ほんとものなり》と小物成《こものなり》があります。本途物成は田畑にかかる本年貢で税の根幹をなします。小物成は雑税です。この皆済目録では高一一四石六斗余に対し四一石七斗余が本途物成ということになります。年貢である四一石七斗余は現物納ではなく金納で、一両に付き四貫四〇〇文の比率で四〇両と銭七四〇文を納入しています。

次に「御六尺給米」（一般的には六尺給米。御は付けないようです）とあり、最後の条に「御蔵前御入用」とありますが、これは雑税の性格を有するもので、石高に応じてかかってきます。そのため高掛物などと呼ばれ、幕領の村にかかります。「六尺給米」「御蔵前入用」のほかに「御伝馬宿入用米」があり、三つ合わせて高掛三役と呼びます。六尺給米は江戸城中の台所で使役する下働きの男子を徴収する替わりに納めたものです。御蔵前入用は江戸浅草の米蔵に関する経費。御伝馬宿入用米は五街道宿駅の費用に充てられました。このことから水見色村が幕府の領地であったことがわかります。また、水見色村は山地であったため山銭と鹿皮銭が徴収されていますが、これは名主の善兵衛が負担しています。

本石という記載がみられますが、その概要を記しておきます。年貢米は俵に詰め納入します。一俵は三斗五升が基本でした。ところが近世初期には役人によっては枡に山盛りにして納めさせたため、一俵が四斗ということもありました。そのため元和二年（一六一六）一俵を三斗五升に定め、これに二升の延米を加え三斗七升で納入するようになりました。この場合三斗五升を本石、三斗七升を斗《はかり》（計）立《たて》といいます。

検地・年貢は大変複雑であり、何度もいうように地域・藩領によっても異なります。少なくともこんな帳簿・書類があったのだということだけは覚えておいてください。

なお、検地・年貢に関しては全面的に児玉幸多著『近世農民生活史』（吉川弘文館）に依拠しました。その前身となる『江戸時代の農民生活』は昭和二三年に発行され、その後大幅に改訂し、昭和三二年に『近世農民生活史』として出版され今日に至っています。多少現在にはそぐわないところもありますが、今なお本書を超えるものは出版されていません。近世の「村」に関心のあるものにとって座右の書といえます。

私は児玉幸多の弟子の一人ですが、大学時代の教科書であった本書を今も座右の書としています。

手習い四

村明細帳

江戸時代には村の概要を書いた帳簿が作成されました。現在の市町村要覧のようなものです。村明細帳・村鑑などといいます。

村明細帳がいつ頃から作成されるようになったのかは定かでありませんが、貞享二年（一六八五）の雛型が残っていることからこの頃には作られていたのでしょう。江戸時代に限ったことではありませんが、いつどうして始まったのかよくわからないことはたくさんあります。

村明細帳などは村方から領主・代官へ提出されたものです。領主が領内を廻村するとき、代官が交代するとき、あるいは幕府巡見使派遣時に作成されたようです。巡検使とは将軍の代替わりごとに幕領や大名領などの民情・政情視察に派遣された幕府の役人です。

村鑑または村鑑大概帳は享保六年（一七二一）に徳川吉宗が創始したもので、将軍の親覧に供されました。

村明細帳や村鑑は長文に及ぶので、ここでは巡見使がきたときに手控として作成されたと思われるものを読んでみましょう。

この手控は、延享二年（一七四五）将軍職に就いた徳川家重が翌年派遣した巡見使との対応のために作成されたもので、内容は現在の福島県南会津郡下郷町域の村々についての様子を記したものです。

下郷町域を通じる街道は、江戸時代にあっては会津方面の物資を下野方面に運ぶための重要な街道でした。

昭和二年（一九二七）国鉄会津線が西若松から上三寄まで、その後会津滝ノ原まで延伸し、下郷町域に鉄道が通じますが、山間の静かな地域だったようです。会津線は昭和六二年（一九八七）第三セクターに移行しますが、野岩鉄道の開通により東京方面からの観光客が増加し、たびたびテレビにも取り上げられる所となりました。

それでは村の概要を読んでいきましょう。

【写真版と釈文】

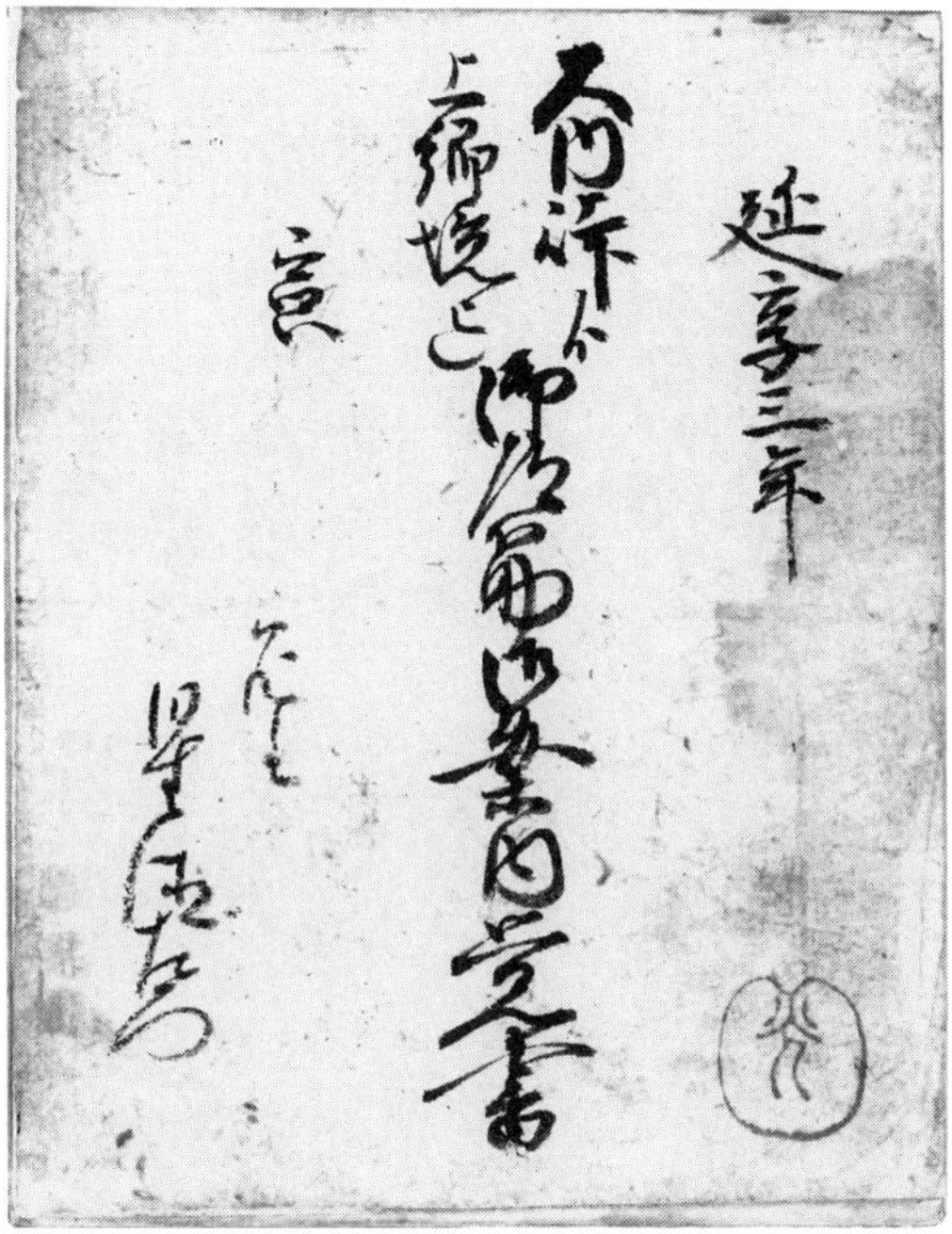

「（表紙）
延享三年
大内峠ゟ
上郷境迄　御道筋御案内覚書
寅　名主
星　徳左衛門
」

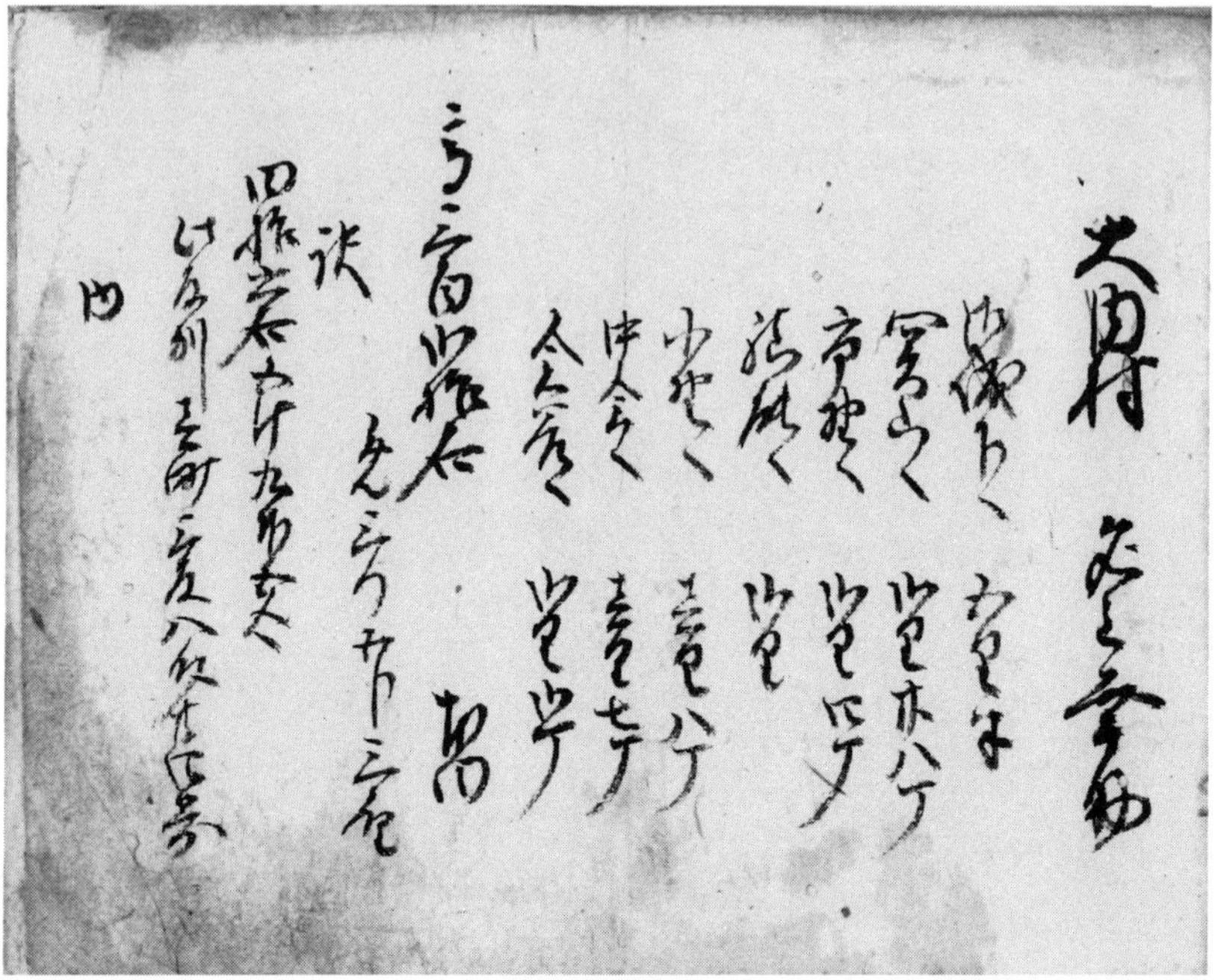

大内村　名主　幸　助
御城下へ　五里半
関山へ　弐里廿八丁
市野へ　弐里四丁
結能へ　弐里
小野へ　壱里八丁
中倉へ　壱里七丁
倉谷へ　弐里弐丁
高三百弐拾石　本田
免三つ五分三厘
訳
田拾六石五斗九升五合
此反別壱町三反八畝廿四歩
内

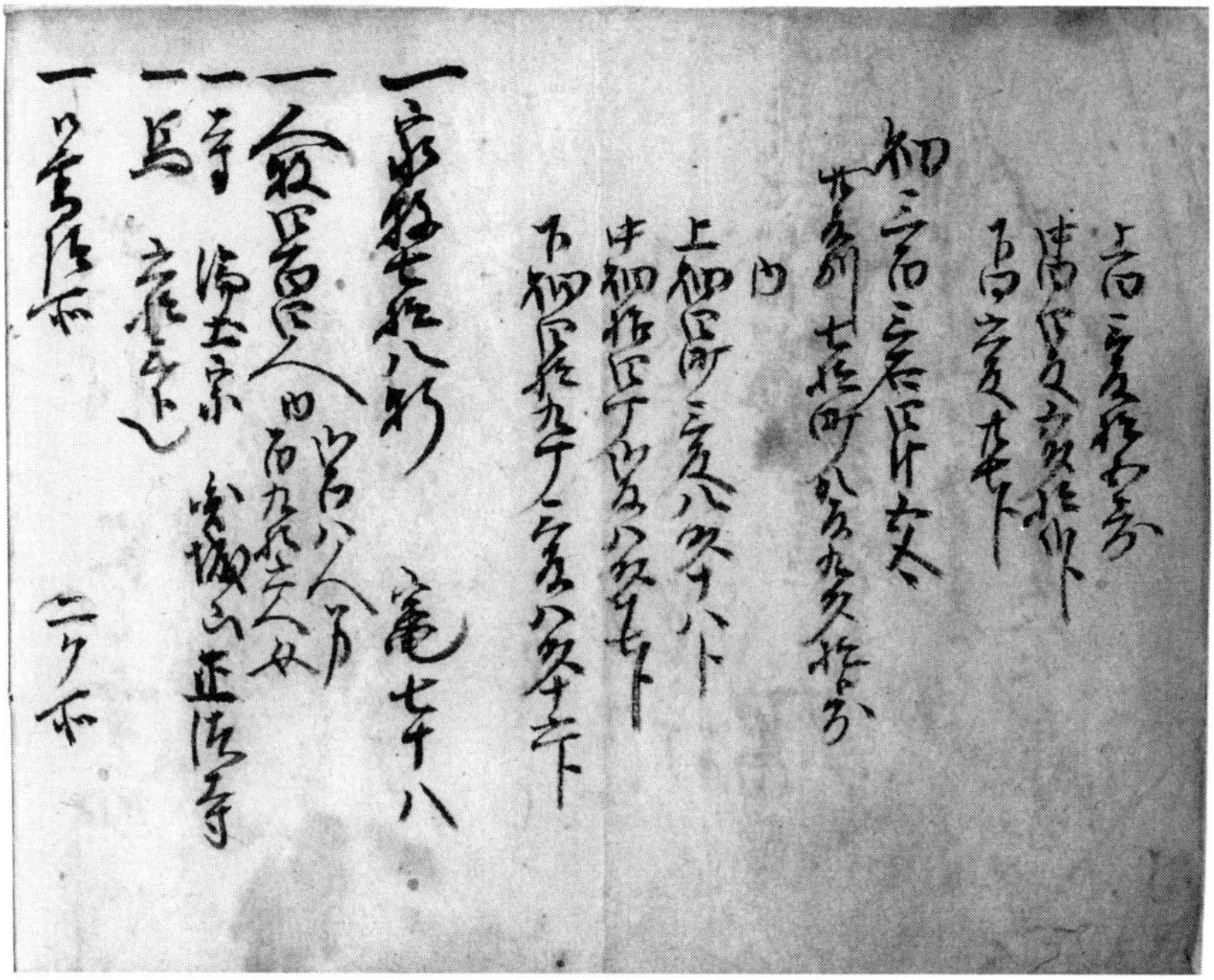

上田三反拾五歩
中田四反五畝拾弐歩
下田六反廿七歩
畑三百三石四斗五合
此反別七拾町八反九畝拾歩
内
上畑四町三反八畝十八歩
中畑拾四丁弐反八畝十七歩
下畑四拾九丁三反八畝十六歩
一家数七拾八軒　竈七十八
一人数四百四人　内　弐百八人男　百九拾六人女
一寺　浄土宗　円城山正法寺
一馬　六拾三疋
一御普請所　二ケ所

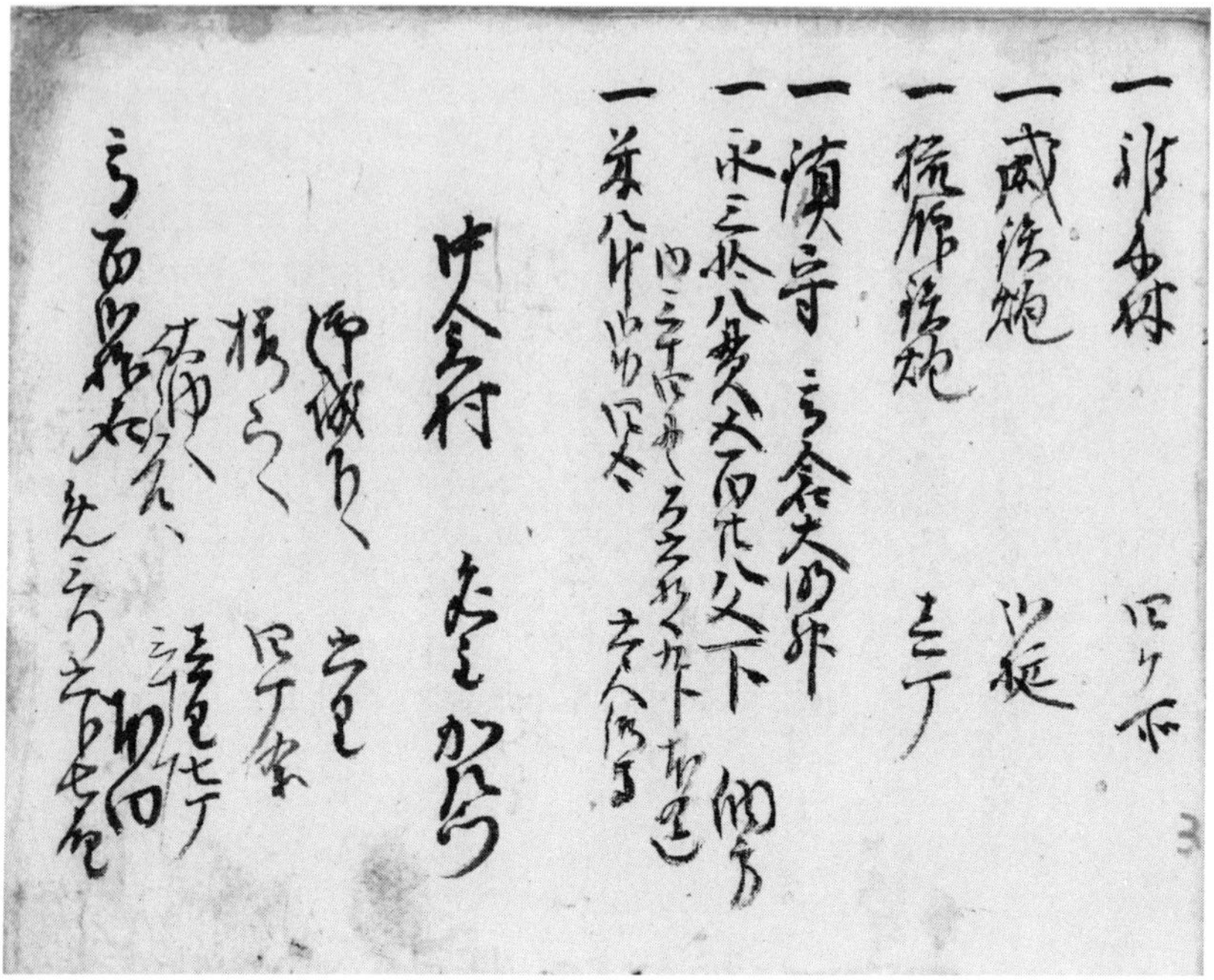

一雑木林　四ケ所
一威鉄炮　弐挺
一猟師鉄炮　壱丁
一鎮守　高倉大明神
一永三拾八貫五百廾八文一分　納方
内三十四貫百六拾文九分　本途
一米八斗弐升四合　六尺□□(伝馬カ)
中倉村　名主　加左衛門
御城下へ　六里
桜山へ　四丁余
大内へ　壱里七丁
くら谷へ　三十丁
高百弐拾石　本田
免三つ六分七厘

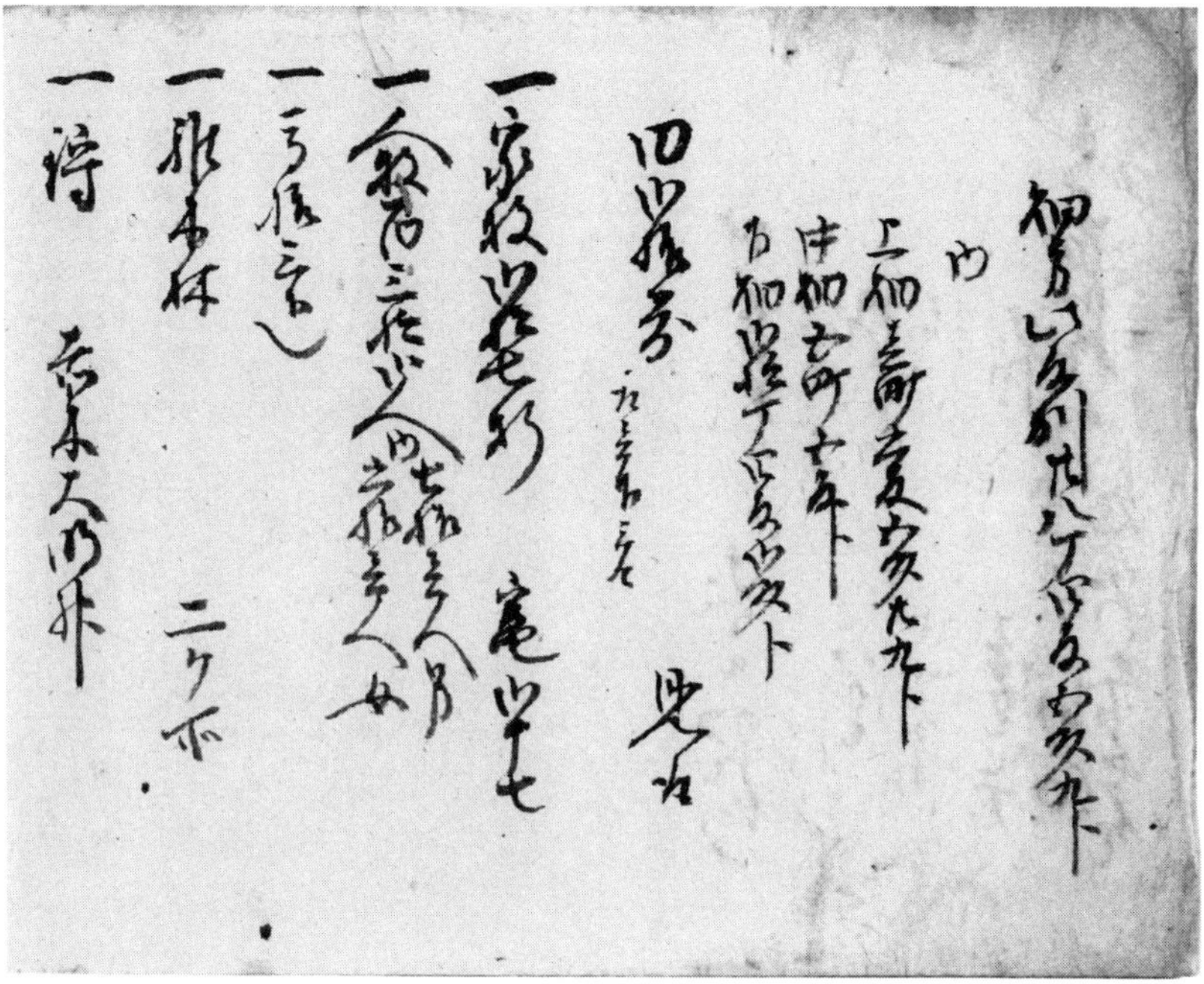

畑方此反別廾八丁四反五畝九歩
内
上畑壱町六反五畝廾九歩
中畑五町五反歩
下畑弐拾丁四反弐畝歩
田弐拾歩　　見取
取壱升三合
一家数弐拾七軒　竃弐十七
一人数百三拾弐人　内　七拾壱人男　六拾壱人女
一馬拾三疋
一雑木林　二ケ所
一⿰金守（鎮守と書いたつもりか）赤木大明神

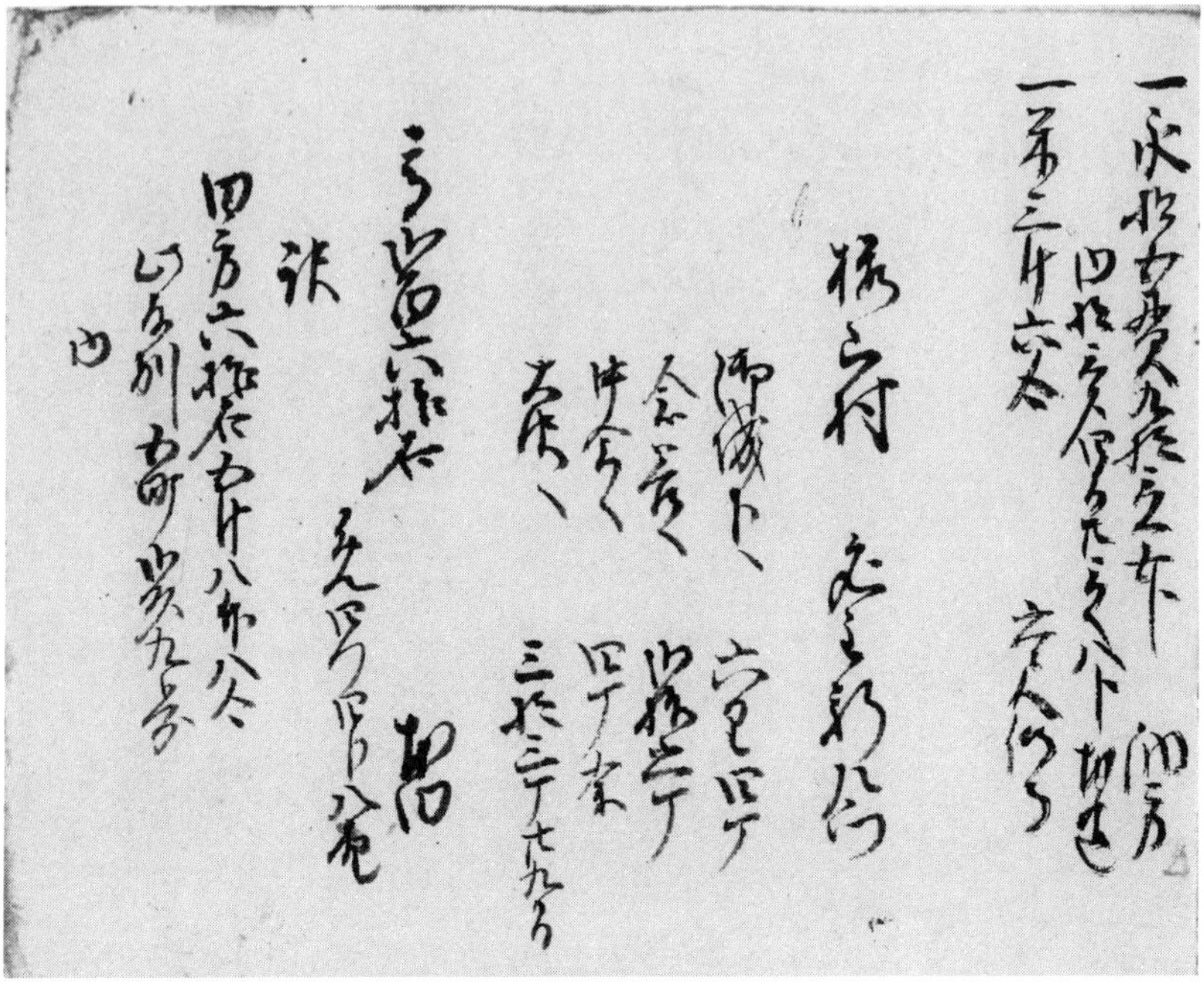

一永拾五貫九拾三文五分　納方
内拾三〆(貫)四百廾三文八分　本途
一米三斗六合　六尺□□(伝馬カ)
桜山村　名主　新左衛門
御城下へ　六里四丁
倉谷へ　弐拾六丁
中倉へ　四丁余
大沢へ　三拾三丁廾九間
高弐百六拾石　本田
免四つ四分八厘
訳
田方六拾石五斗八升八合
此反別五町弐畝九歩
内

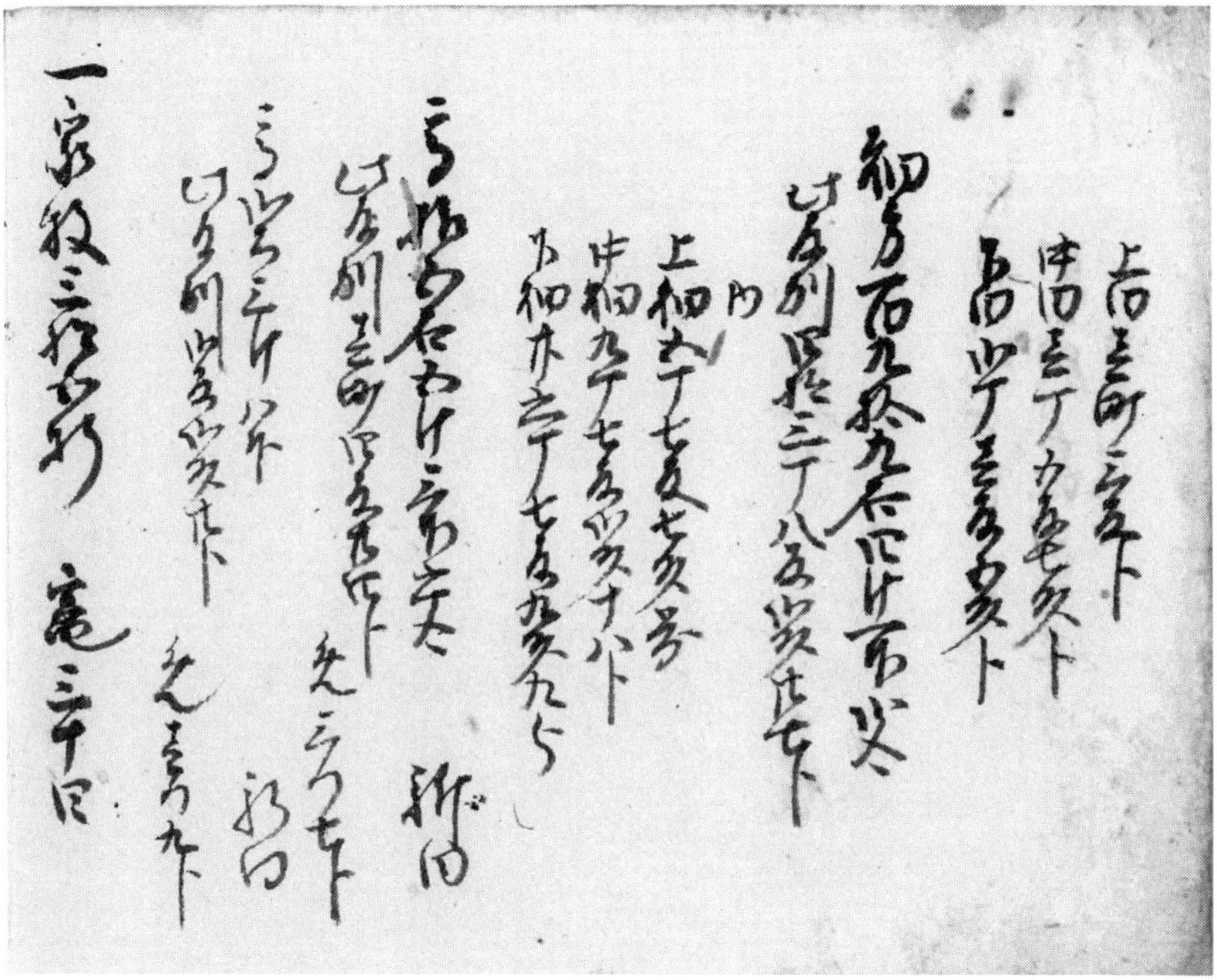

上田壱町三反歩
中田壱丁五反七畝歩
下田弐丁壱反五畝歩
畑方百九拾九石四斗一升弐合
此反別四拾三丁八反弐畝廿七歩
内
上畑五丁七反七畝歩
中畑九丁七反弐畝十八歩
下畑廿六丁七反九畝九分
高拾五石五斗三升六合　新田
此反別壱町四反廿四歩　免三つ七分
高弐石三斗八升　新田
此反別弐反弐畝廿歩　免壱つ九歩
一家数三拾五軒　竈三十四

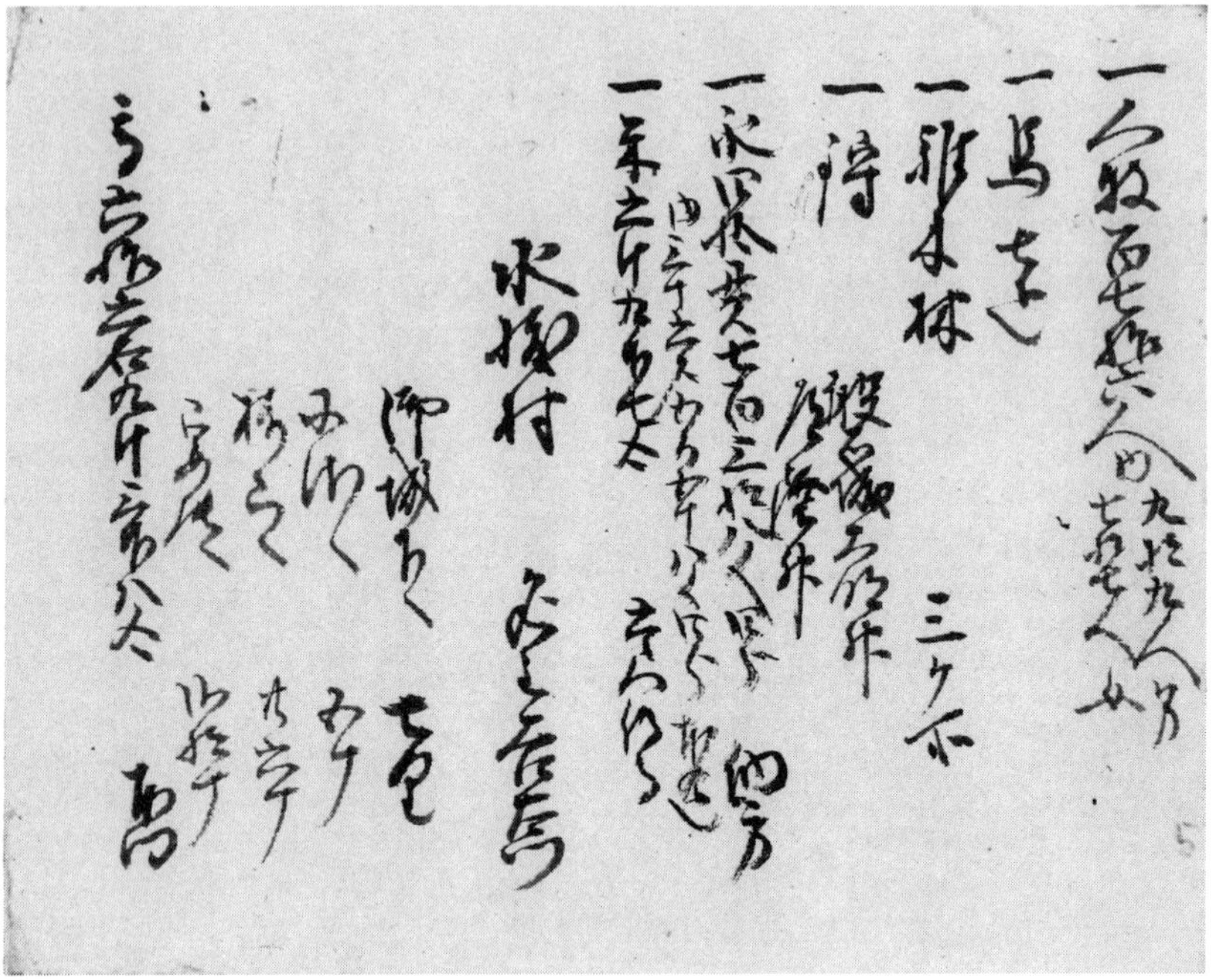

一人数百七拾六人内九拾九人男 七拾七人女
一馬七疋
一雑木林　三ケ所
一鋳（鎮守と書いたつもりか）磐城大明神 道陸神
一永四拾貫七百三拾八文四分　納方
内三十六〆(貫)五百五十八文四分　本途(伝馬カ)
一米六斗九升七合　六尺□□
水抜村　名主吉右衛門
御城下へ　七里
小池へ　五丁
桜山へ　廿六丁
安張へ　弐拾丁
高六拾六石九斗三升八合　本田
（以下略）

【解　説】

この帳面には主要地・隣接地への距離、村高とその内訳となる田畑の石高と反別、家数・人口・寺社等村の概要が書かれています。きわめて簡便なものですが、この内容は村明細帳や村鑑の根幹となるものです。

冒頭の大内村は私が三〜四〇代の頃、江戸時代の交通集落の面影を残すところとして研究者の間で話題になり始めました。交通の便も悪く簡単に行けるところではありませんでしたが、今では観光地として脚光を浴び多くの観光客を集めています。

大内村の石高は三二〇石ですが、「免三つ五分三厘」とは年貢が三割五分三厘ということでしょう。「五ト」というときの「ト」はこの場合片仮名の「ト」ではなく読みは「ぶ」となります。ところが厄介なことに「歩」も「分」も「ト」と書きます。ここでは比率のときは「分」、面積のときは「歩」としていますが、ときには「歩」でも「分」でもどちらでもよい場合があります。このようなときに私は教え子に「はい！　鉛筆を転がして好きな方にして下さい」といいます。

古文書を読むのが堪らなく大好き。という人には大変抵抗のあることです。とにかく読むことが好きという方は、ときにクイズを解くようなつもりで読むことがあります。ここで強調しておきたいのは、江戸時代に書類を作成していた多くの人は漢字・言語に精通していたわけではありません。本書の読者の方が知識も豊富でしょう。

書き手も適当に書いていたり、よくわからないからこんな字を書いておこうということもあったはずです。読者の皆さんが手書きで取りあえず文章を書くときのことを思い起こしてください。なかにはどんなメモであっても几帳面な文字を書き、「て・に・を・は」にも十分注意する奇特な方もいるかもしれませんが。ようするに必要以上に文字にこだわるよりは、書いてある内容を楽しんでもらいたいのです。私自身本書を楽しんで書きすぎると、頁が増え編集者に怒られてしまいます。

本筋に戻りましょう。家数の条に「竈七十八」とありますが、これは一軒の家の中で生計を別にしているものを指すようです。地域により違いがあると思いますが。

家数七八軒に対し馬が六三疋もいます。これは大内村が交通の要地に位置し多くの村民が物資輸送に従事していたことを示すものでしょう。

御普請所とは、道や橋など土木工事を幕府・領主の負担で行うことです。村が負担することは自普請といいます。雑木林の記載がありますが、薪炭製造との関連からでしょうか。

威鉄炮《おどしてっぽう》は農作物に被害を及ぼす鳥獣を追い払うための鉄炮です。領主側から貸与されるようです。猟鉄炮はいうまでもなく狩猟用です。

「一永三拾八貫……一分　納方」とありますが、「永」とは金額に関する計算上の単位です。小判というか金貨＝両・分・朱は四進法です。そのため計算は複雑になります。そこで金一両＝永一〇〇〇文＝永一貫文として計算をします。「納方」そして「内三十四貫……本途」とあるので、年貢の関係です。永や年貢について記すと何行も費やすことになり、しかもスッキリと説明することは私にはできません。

最後の「一米八斗弐升四合　　　六尺□□（伝馬カ）」ですが、幕府の領地からは、本来の年貢以外に前述のように高掛三役を石高に応じて課しました。

さて、ここに書かれている六尺以下の二文字は、伝（傳）馬と書いたようにも見えます。六尺給米と御伝馬宿入用米を一緒にしてしまったのでしょうか。

次の中倉村も家数二七軒に対し一三疋の馬がいます。雑木林の次の条の文字は金偏に守が書いてあります。鎮守と書いたつもりでしょう。桜山村も同様です。

このような書上げによって江戸時代の村の様子を知ることができますが、江戸時代のすべての村の資料が残っているわけではありません。残っているほうが少ないといってよいでしょう。

村明細帳の類は市町村史に活字化されているので利用するとよいでしょう。神奈川県内の村明細帳を出版したものに『相模国村明細帳集成』全三巻（青山孝慈・青山京子編　平一三　岩田書院）があります。三巻で二七七九頁に及ぶ大著です。

手習い五

宗門人別改帳

宗門人別改帳とは、現在の戸籍簿のようなものです。本来宗門帳と人別帳は別物でしたが、しだいに両者が合体していったようです。享保以降は人口調査に重点が置かれ、享保一一年（一七二六）からは子および午年の六年に一回実施されるようになったということですが、ここに掲載する宗門人別改帳は天保六年乙未のものです。どこのものかはっきりしませんが、現在の長野県松本市入山辺桐原のものかと思われます。

【写真版（表紙は下）**】**

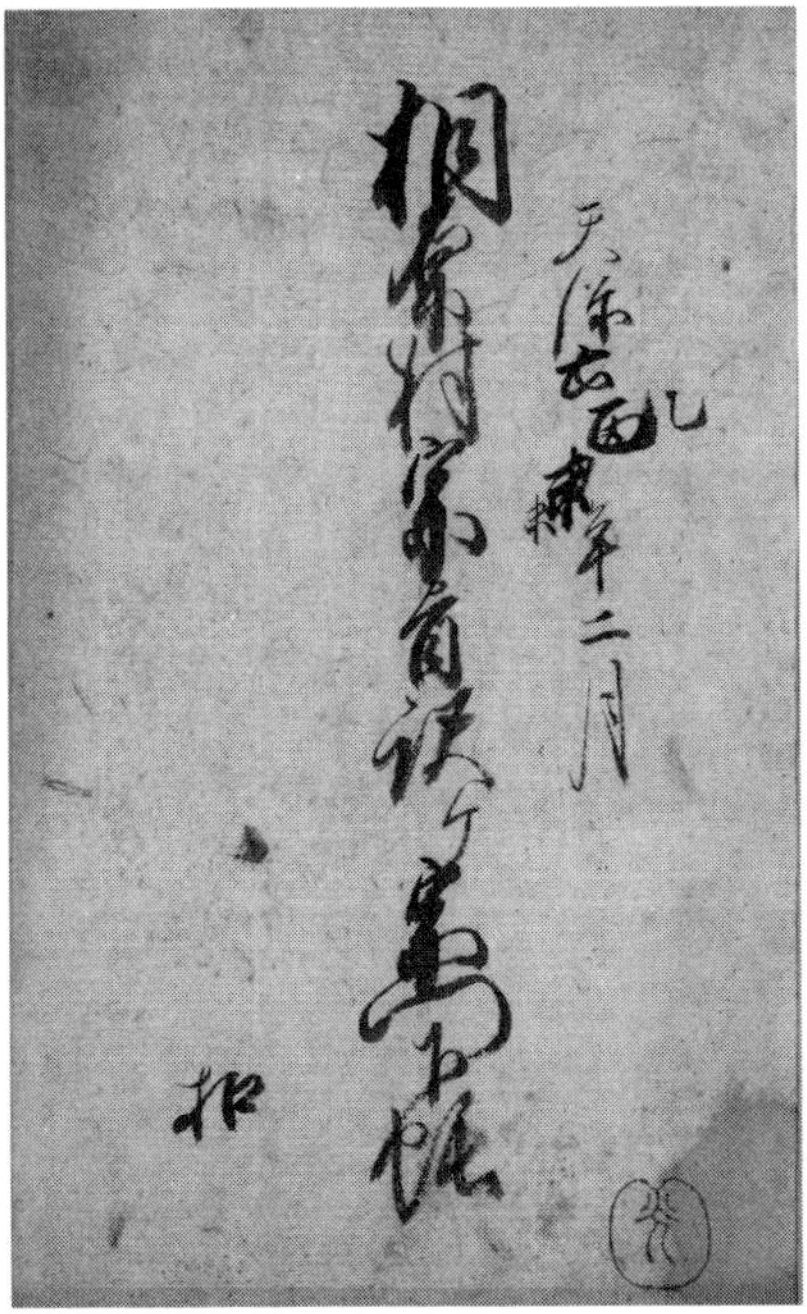

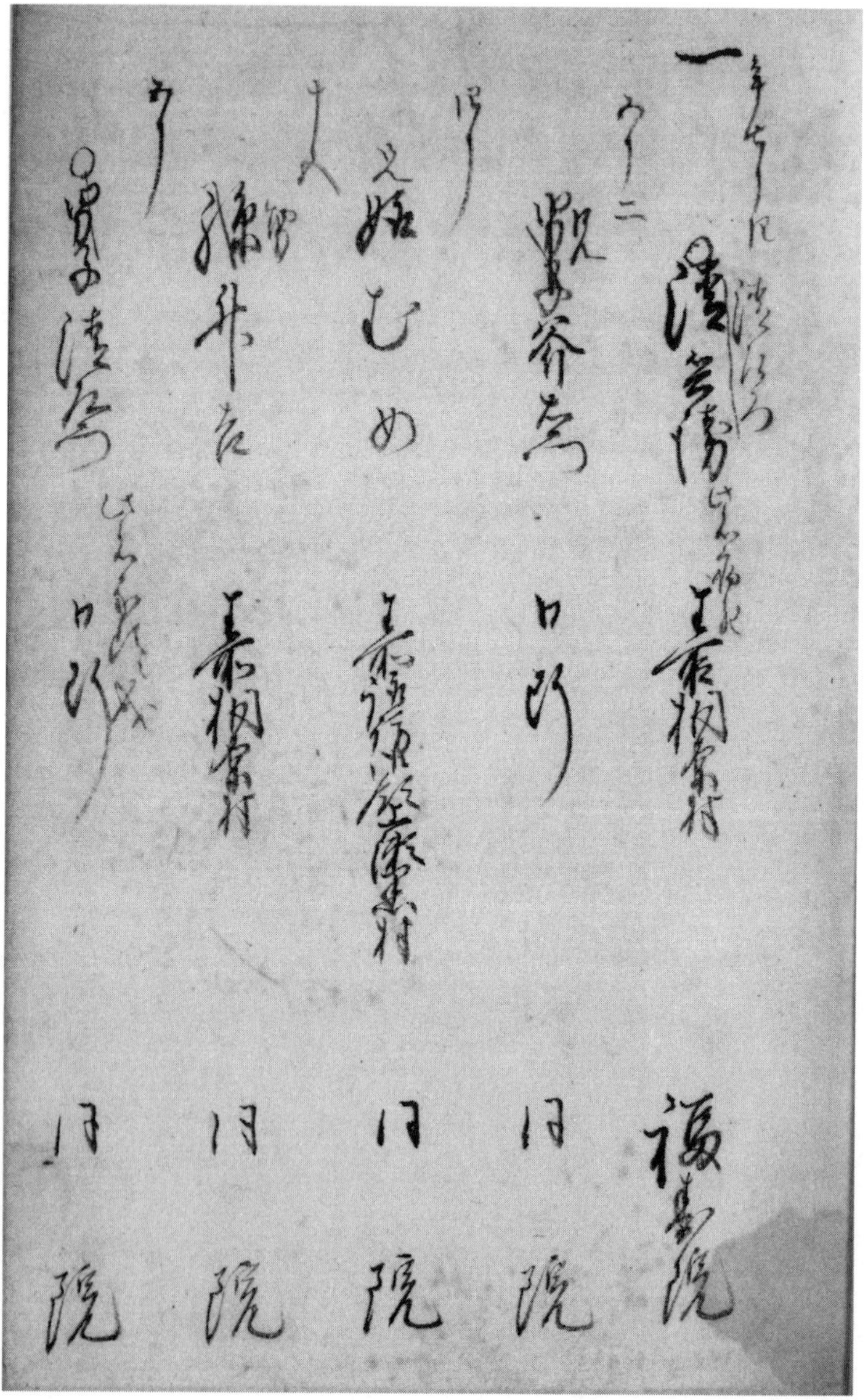

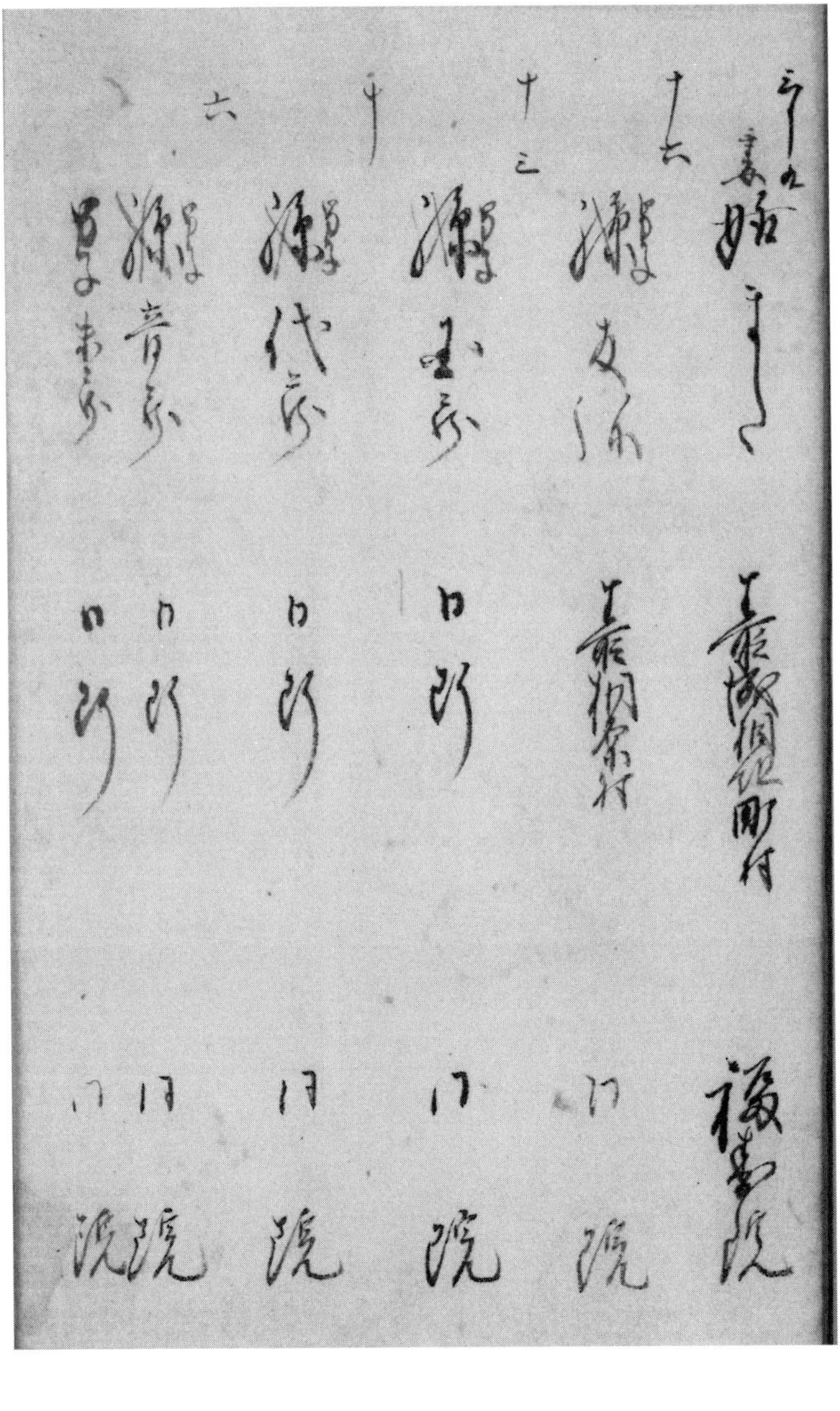

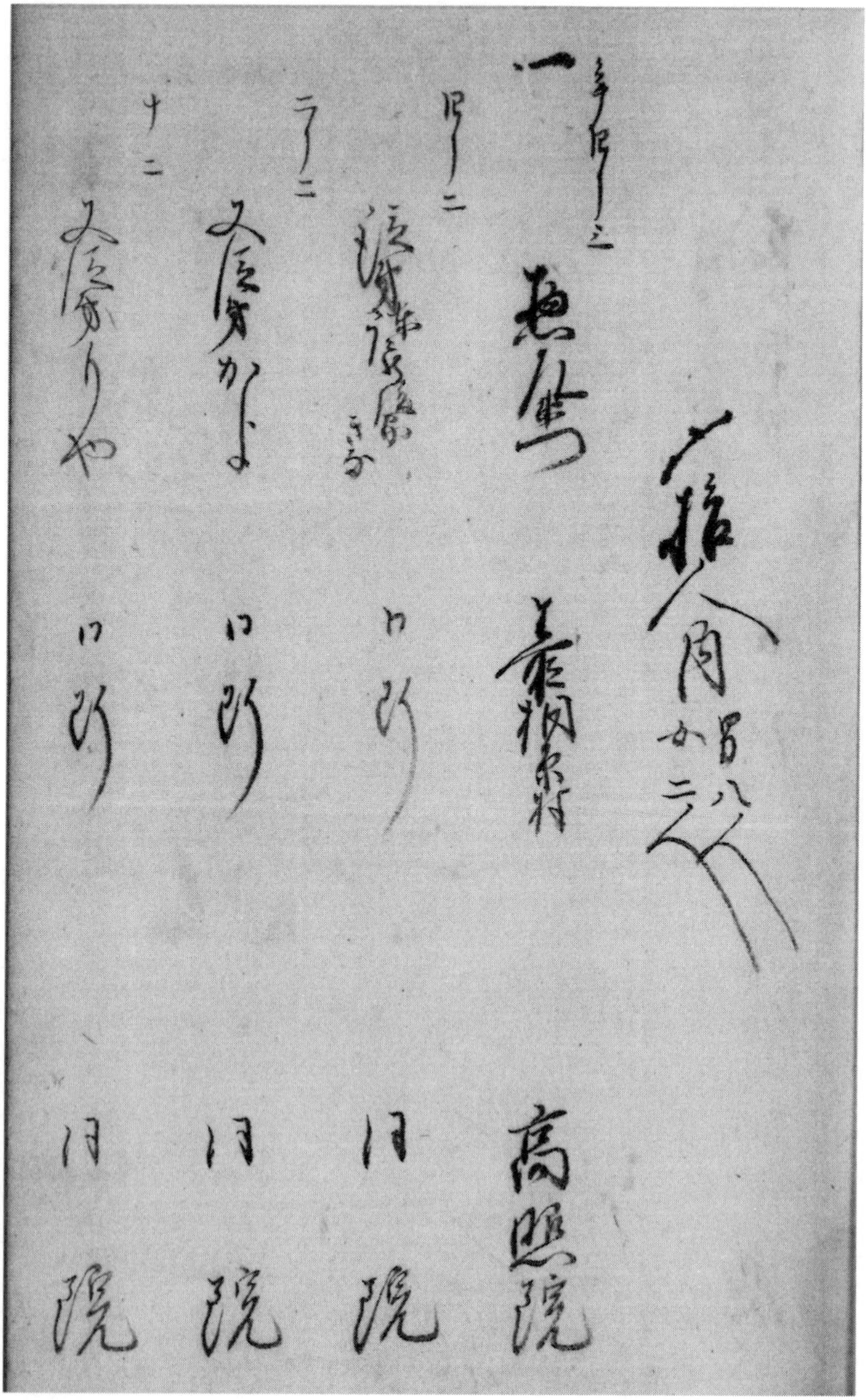
一 拾人 内 男八人 女二人
一 [illegible] [illegible] 高照院
[illegible] 同所 同院
女房かよ 同所 同院
十二 女房りや 同所 同院

一、年二十六

一、後家　　　　　春慶妹

ウ—七　　素もよ　　　ロハり

ウ—八　　かよみ子　　ロハり

ウ—三　　男子九歳　　ロハり

高照院

日院

日院

日院

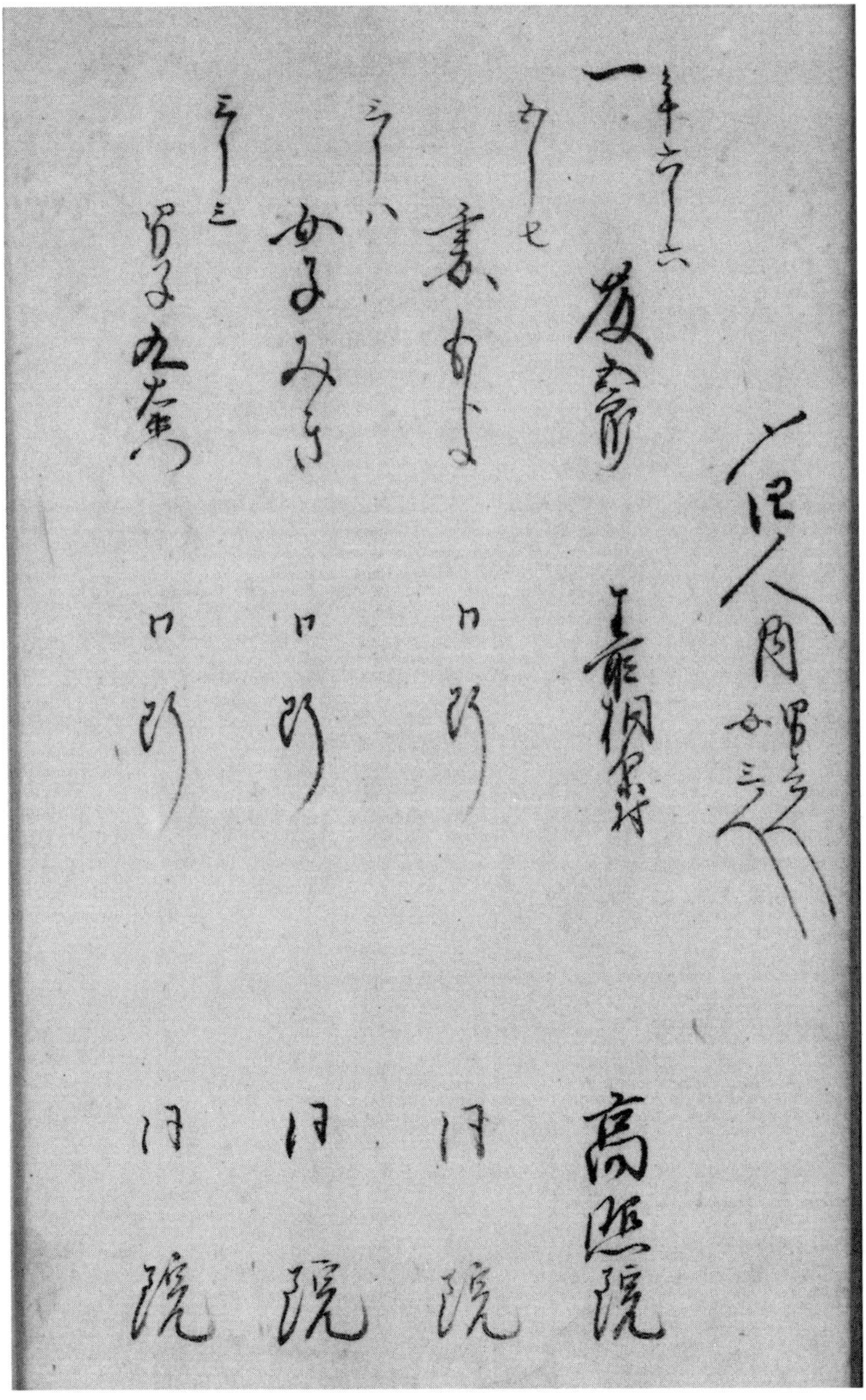

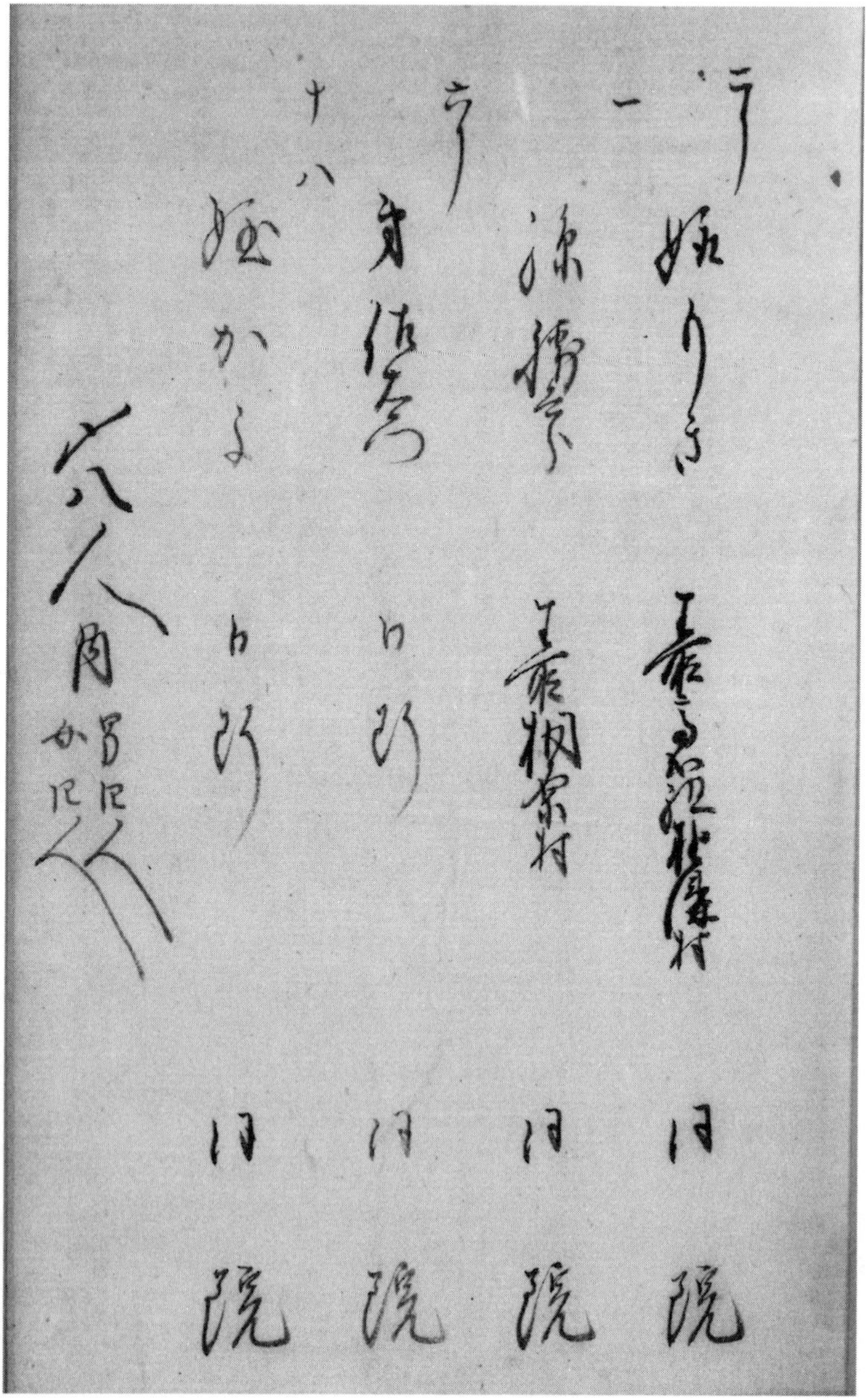

【釈　文】

（表紙）
「
天保六乙未年二月
桐原村宗旨訳ヶ宗門下帳
扣
」

一　年七十四　清左衛門　○清兵衛　此者病死　生所桐原村　福寿院
五十二　兄（男子）斧右衛門　同　断　同　院
四十　兄娵　む　め　生所諏訪御領上瀬黒村　同　院
十五　甥（孫）升　吉　生所桐原村　同　院
五十　○男子清左衛門　此者家頭ニ成　同　断　同　院

三十九 妻（娵）また 生所成相組町村 福寿院
十六 男子（孫）友弥 生所桐原村 同院
十三 男子（孫）国蔵 同断 同院
十 男子（孫）代蔵 同断 同院
六 男子（孫）音蔵 同断 同院
男子 末蔵 同断 同院
〆拾人内 男八人 女二人

年四十三 一 惣左衛門 生所桐原村 高照院
四十二 従弟諌蔵後家きな 同断 同院
二十二 又従弟 かよ 同断 同院

十二　又従弟　りや　同断　同院
〆四人内男壱人
女三人
一　年六十六　藤五郎　生所桐原村　高照院
五十七　妻　もよ　同断　同院
三十八　女子　みき　同断　同院
三十三　男子九右衛門　同断　同院
二十　娵　りき　高□組野溝村　同院
一　孫勝太郎　生所桐原村　同院
六十　弟佐右衛門　同断　同院
十八　姪　かよ　同断　同院

〆八人内男四人
女四人

（後　略）

【解　説】

冒頭の家族については朱筆の訂正が多くあります。抹消部分は（　）の中に記しました。これによると清兵衛家は清兵衛が死去したため、清左衛門が家長になっています。清左衛門には五二歳になる兄の斧右衛門がおりますが、弟が家督を継いだわけです。そのため男子斧右衛門は「兄」となり、兄の「娵」は「兄娵」となります。兄の子供であり清兵衛の孫升吉は清左衛門にとって甥となります。

当然男子清左衛門は「此者家頭ニ成」と記されるわけです。娵の「また」は妻に、友弥以下の孫は男子つまり息子になります。家督相続の時期に五男が生まれたようですが、もうこのあたりで子供を育てるのは手一杯ということか、「末蔵」と命名しています。

家督相続した清左衛門家がどの程度の身代かわかりませんが、二家族しかも一〇人家族ですから清左衛門は頑張らなくては。

惣左衛門家は家長は独身、従弟の諌蔵が亡くなったらしく後家となった「きな」とその子供二人の四人暮らしです。従弟の名前を諌蔵としましたが、「諌」は疑問です。

藤五郎の家は藤五郎夫妻と息子夫婦そして孫が一人。このほか六〇になる弟佐右衛門と姪の「かよ」が暮らしています。姪とはいうまでもなく兄弟姉妹の娘のことですが、一八歳の「かよ」は佐右衛門四二歳のときの子供でしょうか。いろいろと想像をめぐらすのはやめておきましょう。

まだまだ人別帳は続きますがこのあたりにしておきましょう。人別帳に限らず書いてある内容の多くは歴史研究者だからわかる内容というわけではありません。何度もいうように筆で書いてあると多くの人はそれだけで難しいと思ってしまいます。通じにくいのは名文ではなく、文章が下手だからです。好奇心をもって読んでみましょう。

見出しに「宗門人別改帳」と書きましたが名称は様々です。人別帳が作成され提出されればよいわけです。現代社会においては表題が指定通りでなければ、役所から書き直しを求められるでしょう。

手習い六

五人組帳

歴史に関心がなくとも知れ渡っているのが「五人組」でしょう。五人組の起源は古代の律令制「五保制」に求めることができるということですが、時代は下って慶長二年（一五九七）に豊臣秀吉が治安維持のために下級武士や農民に五人組を組織したといいます。もちろん江戸時代のほとんどの人はそんなことを知ることもなく帳簿を作成していたわけです。

五人組帳は「五人組御仕置帳」「御仕置五人組帳」など様々な表題が付けられています。「御仕置」とありますが、「仕置」とは現在では刑罰の意味合いが強くなっていますが、ここでは五人組の町民・農民が守るべき事柄ということです。そのため、前半というかほとんどが御仕置で、その後に五人組の組合わせが記されています。現存する多くの五人組帳は御仕置の部分だけが多く「五人組帳前書」などと題されたものもあります。

ここに掲載する五人組帳は現在の茨城県北相馬郡利根町立木のもので、「船橋市西図書館」に所蔵されています。

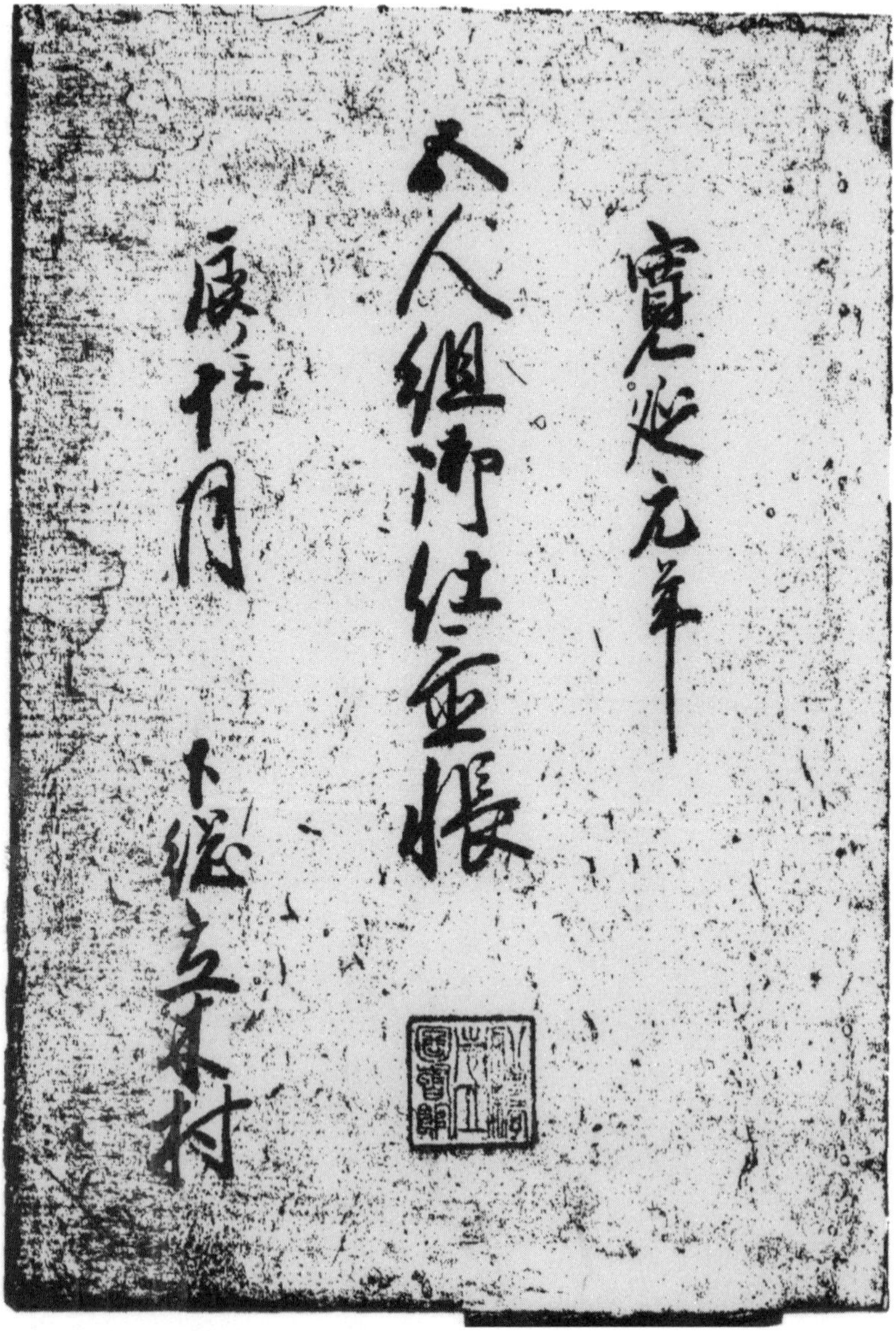
寛延元年
五人組御仕置帳
辰ノ十月

差上申五人組手形之事
一①前々ゟ従公儀御條目之趣并自今以後
被仰出候御法度之旨堅相守可申候
一②切支丹宗門之儀毎年御改寺請證文
差上申候通被仰付候者共ニ念入相改若不審之
疑敷者御座候ハヽ早速申上少茂隠置

稽古ありて其道に達候を学文人といひ候之
御事ニ候へハ 心得候事
一③御制札場并若出火之節大切ニ可仕事
附り 指様ハ火をかけ 料理新発建物花利を可為
中之儀由下知可申付候事
一④主君に忠節を尽し父母に孝行ニ候て孫
兄弟親類朋友にもむつましく在法之者ニ
下々迄慈悲を加へ可申旨ニ候 可申渡候事

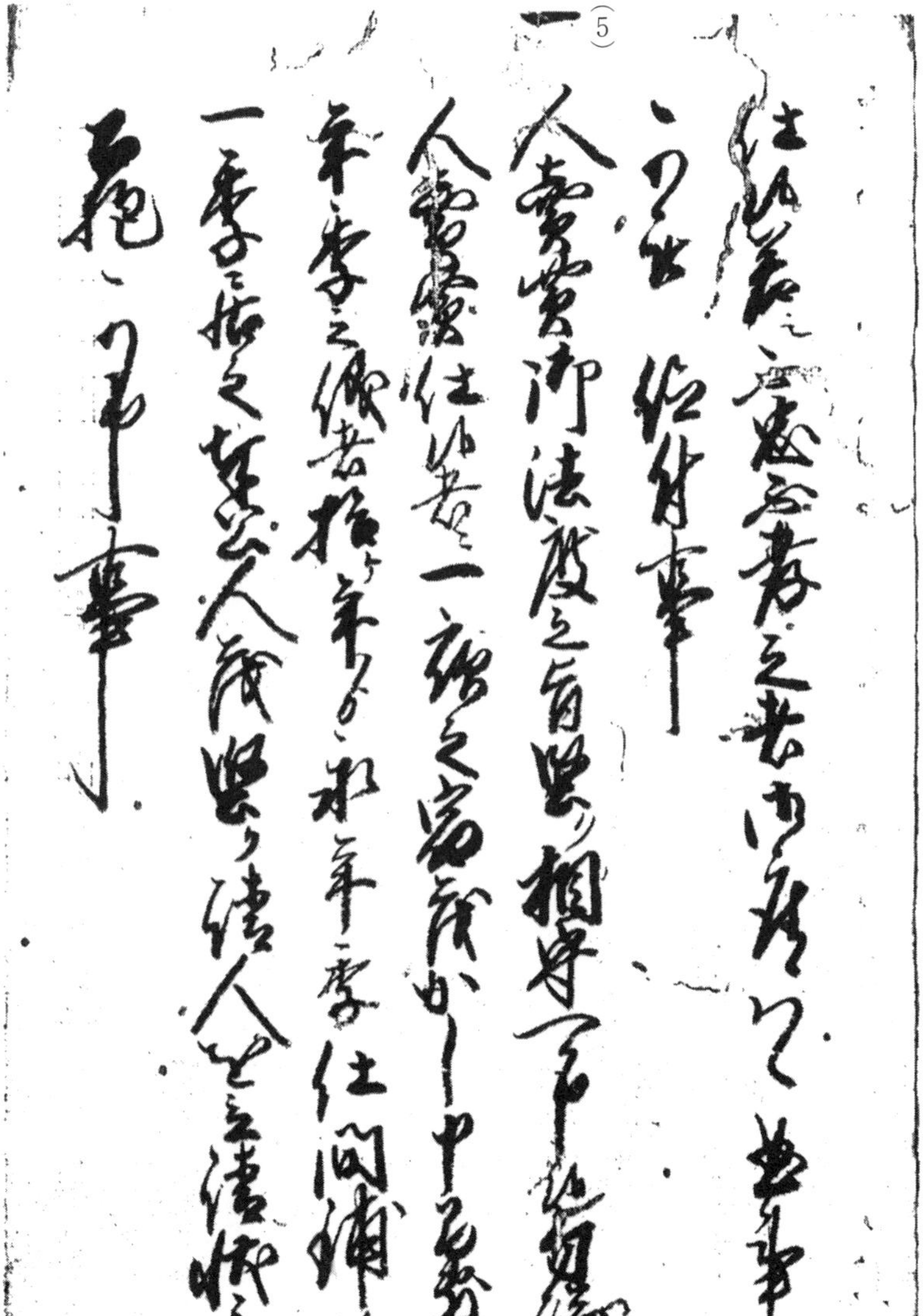

⑤
住持無之寺庵へ出家ニ而無之者
ハ　住付申間敷事
一　人売買御法度之旨堅ク相守可申縦
人売買仕候者ハ一類之為成敗中追放
年季之儀者拾ケ年を限り拾年ゟ年季仕間敷候
一季半季之奉公人成共請人を立請状
取可申事

一⑥ 庄屋并妻子衣類ニ絹紬布木綿着
百姓ハ布木綿可限、此外ニ襟《コウ》帯着
一 紫紅梅申間敷事
附り、百姓絹紬着申候ハヽ
其役人迄可為曲事
一⑦ 田畑永代売買ハ停止之旨、年寄共ニ申遣
随分令穿鑿、年季迄申間敷事

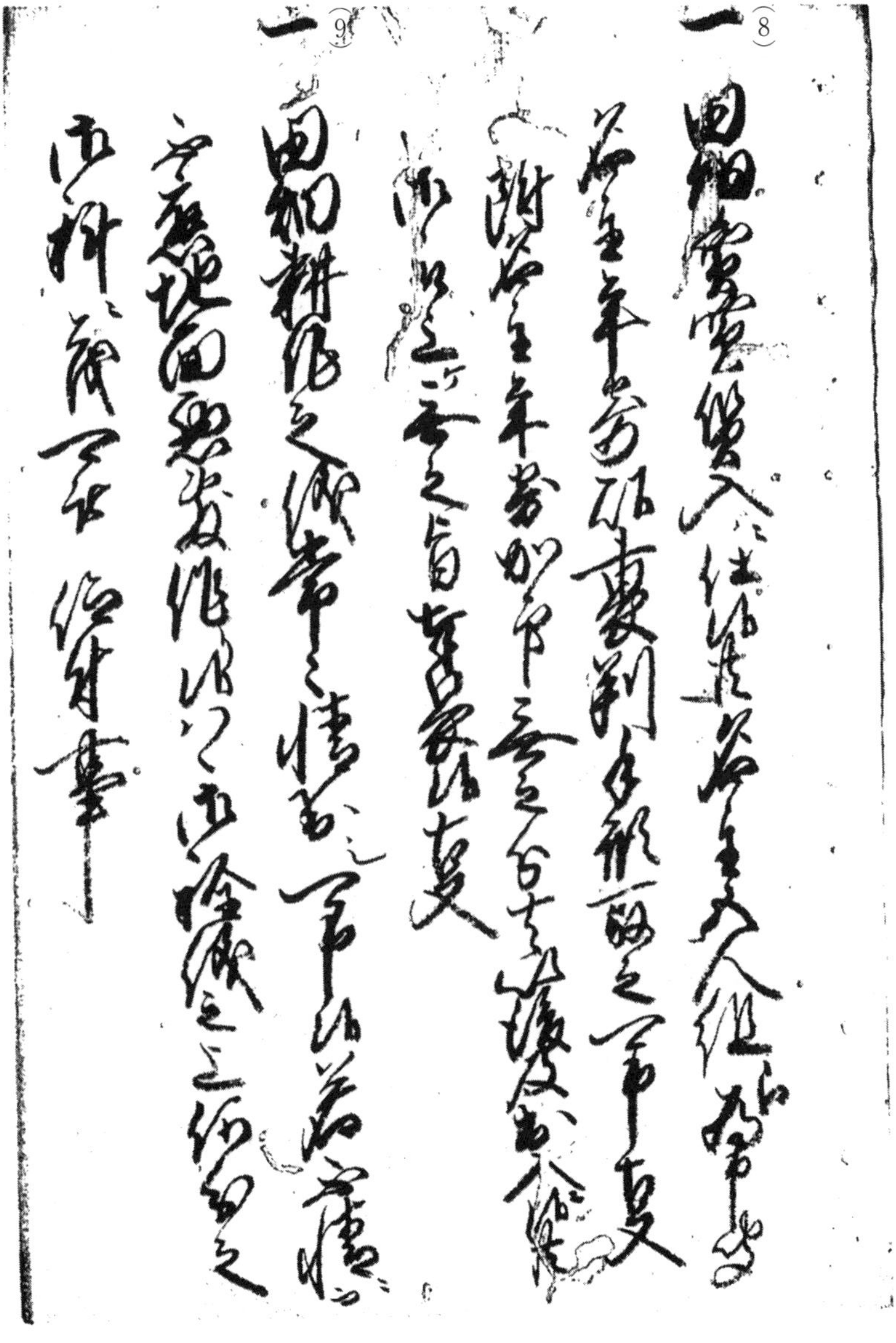
⑧
⑨

⑩一 食物之儀耕作之時分ニ者格別平生ハ雑穀を
用米を大切ニ可仕事
⑪一 御公儀之儀者不及申年寄地主ハ不及申名主組頭之
取迄之儀細々ニ至迄も申尽し入念可申事なめし
将前廻見候義之事候御検見之刻代官
并庄屋門入念申候事候名主ニ申付候
出候者も申候旨入念こり候 猶以勤候之

⑫

一田畑之儀ハ割付有之上ハ、随分念入
候ニ付而ハ、作毎絹不雑、灌漑も可申事
附、畑方作物之儀茂右准候、書付之
ニ検分を遂可申付事
一御年貢ハ割付出候ハヽ、惣百姓立会、御割付百姓不残
入念之者ニ見せ、不残高割いたし、是ニ而下
為免割、一同得心之上、割方可申付事
附、荒地ハ所々ニ有之候ハヽ、其小前取書付

一⑬
右ハ去ル亥年相懸《エブ》関《ヒキ》合割渡之儀申上候
御尋ニ付村中并中法人用ニ成ヒ候處
割所ニ而江渡し候得共、細ニ書載不致候
を請ニ而立会ハ有之候得共割合勘定之
村々惣百姓并入組之出合申付候ニ
談判合高之割合取集候と書付候
村入目方之儀ハ右之者共割合勘定ニ

⑭

一 海辺村ニ一艘造置役人免之上一艘揚させ
ハ前ニ而従当座割ニいたし荷主ニ
取集候舟絶候又ハ役人免候然ニ
押切可申取ハ取置可申事
御年貢皆済無之内穀物一切他所ニ
出し申間敷候御年貢上納ハ仕
段々之取立田畑高割ニ仕村溜ハ仕候

一 初秋ゟ五ヶ年貢之儀ハ人組切役に候得共
此是迄ニ而申達置候通ニ御座候事
附大組人持高山林家数表建具之儀
名主年寄人組之会帳面記無之
追而得其意可申候事
一⑮御蔵番ニ而油断之仕候若之次第ニ遣人之
無遠慮不足仕候て村中として急度可致
弁納て仕候番之者ニ念仕候ハゝ詮議之上

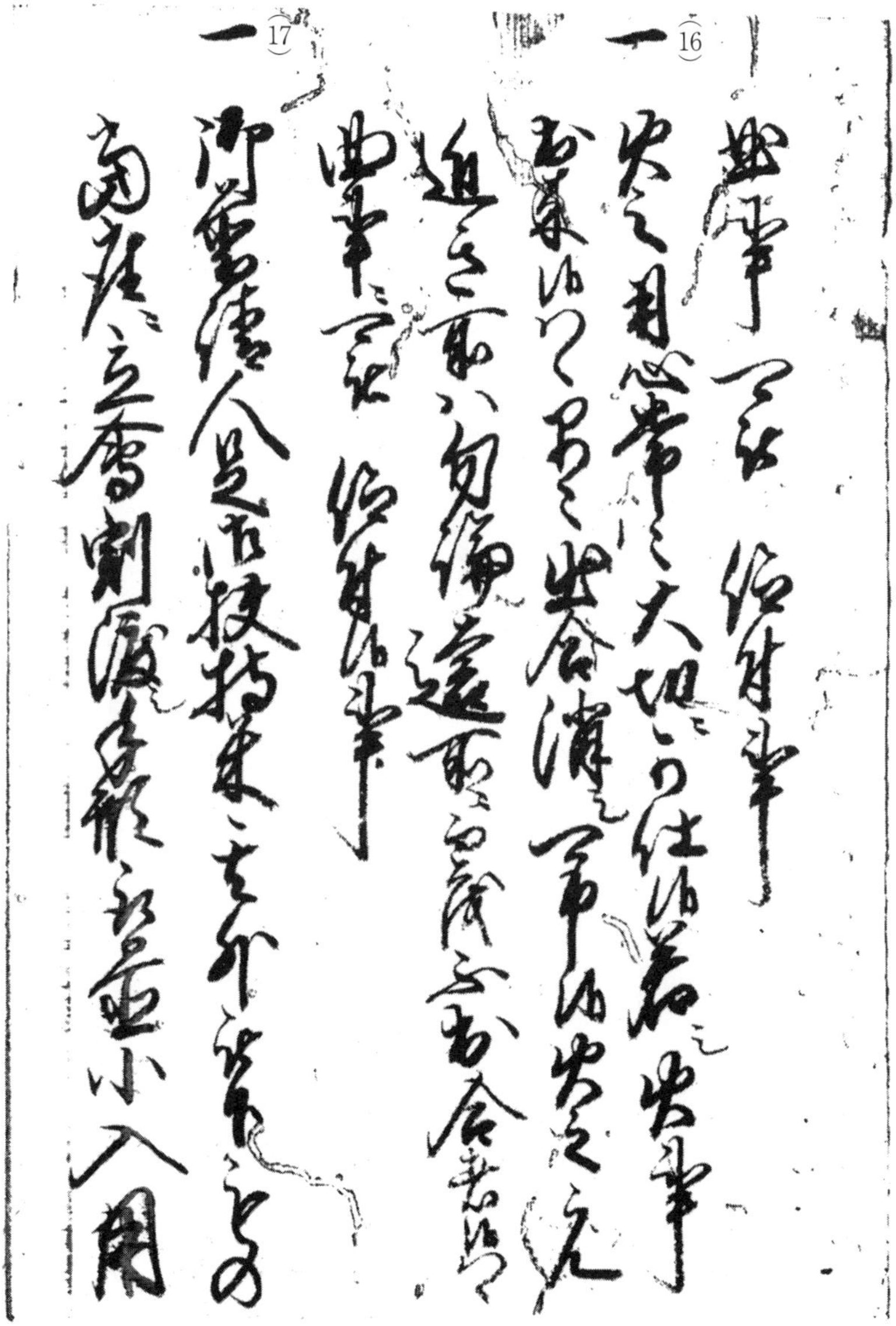
曲事可被　仰付事
一⑯火之用心常〻大切ニ可仕候、若火事
出来候ハヽ早ク出合消可申候、火元之
近之儀ハ勿論御遠所成共不寄昼夜出合、若不出合者
曲事ニ可被　仰付事
一⑰御鷹匠人足被指遣ニ付、其外諸役之
高在ニ立替割渡候者、無小入用

縦西茂之内割合泥下中内警沼会
勘定一切仕間敷事
一⑱御家中借シ人足之儀女子ニ至迄一様ニ
急度申勤之申中之者ニ候ハヽ仕候者[illegible]事
ニてハ　御停止事
一⑲家構之旬御家来大物頭ニ至迄人馬衆
相勤下中ニ付其中人馬数之内茂懸候
諸役人之者共ニ至迄ニ入用泥

可申事
附り、他国ゟ罷越年季奉公人ハ割付入、村書相添
差上ケ可申事
一⑳御公儀様御用之者証文持参候ハヽ、何方ゟ申来候共
宿継風雨をいとハす急度相届ケ可申候、
其日割付往還無滞可申事
一㉑武家之御家来村中通り人馬賃
賃銭之儀ハ相対ヲ以請取可申候

於道ニ而者生人、於人者学甚人、[illegible]学
[illegible]要ニ而者書之読書議者考者証之
人馬者しこ[illegible]中ニ而者有漏る沢ニ而ニ[illegible]之ハとて
於[illegible]眼為講書

一　㉒
[illegible]閑水浄御堤者之、八田池渭水ニおいて
[illegible]中円ニ而者[illegible]進ニ而中ニ而者理ニ而[illegible]水之中
為[illegible]村境野山ニ而おいて[illegible]
荒[illegible]流堤之[illegible]ニ而[illegible]中ニ而

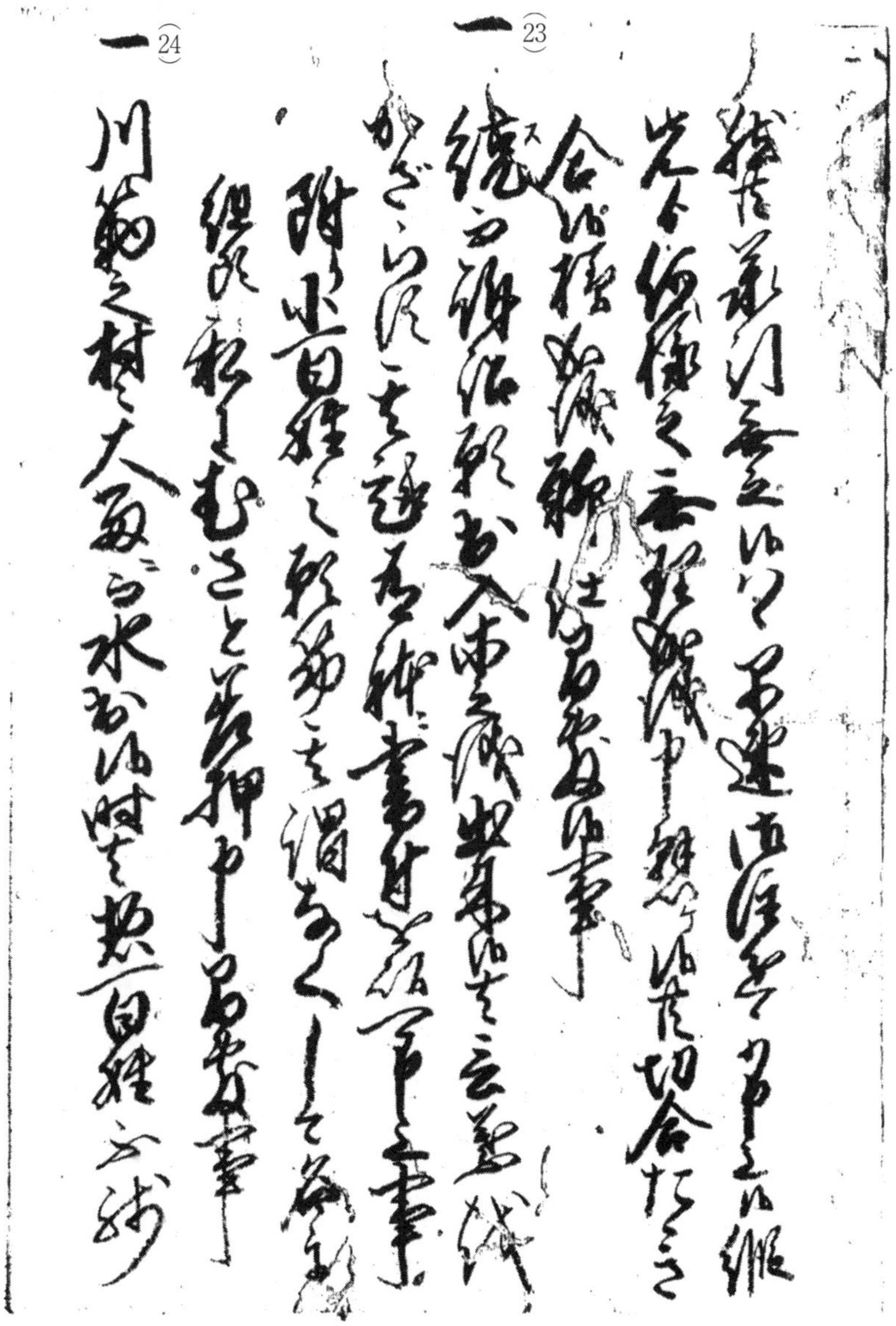

川端ニ出候川除押領族、可申付、惣中ニ可
可申合、若違背之輩ハ可為曲事
一㉕田畑往還之道、猥掘荒候もの、見付次第
曲事ニ可被仰付事
附、道橋并池溝道普請、[illegible]遅々之族ハ
極々可仕事
一㉖何之儀ニよらす徒党を企申合、自然[illegible]
竹木[illegible]代[illegible]中[illegible]入用

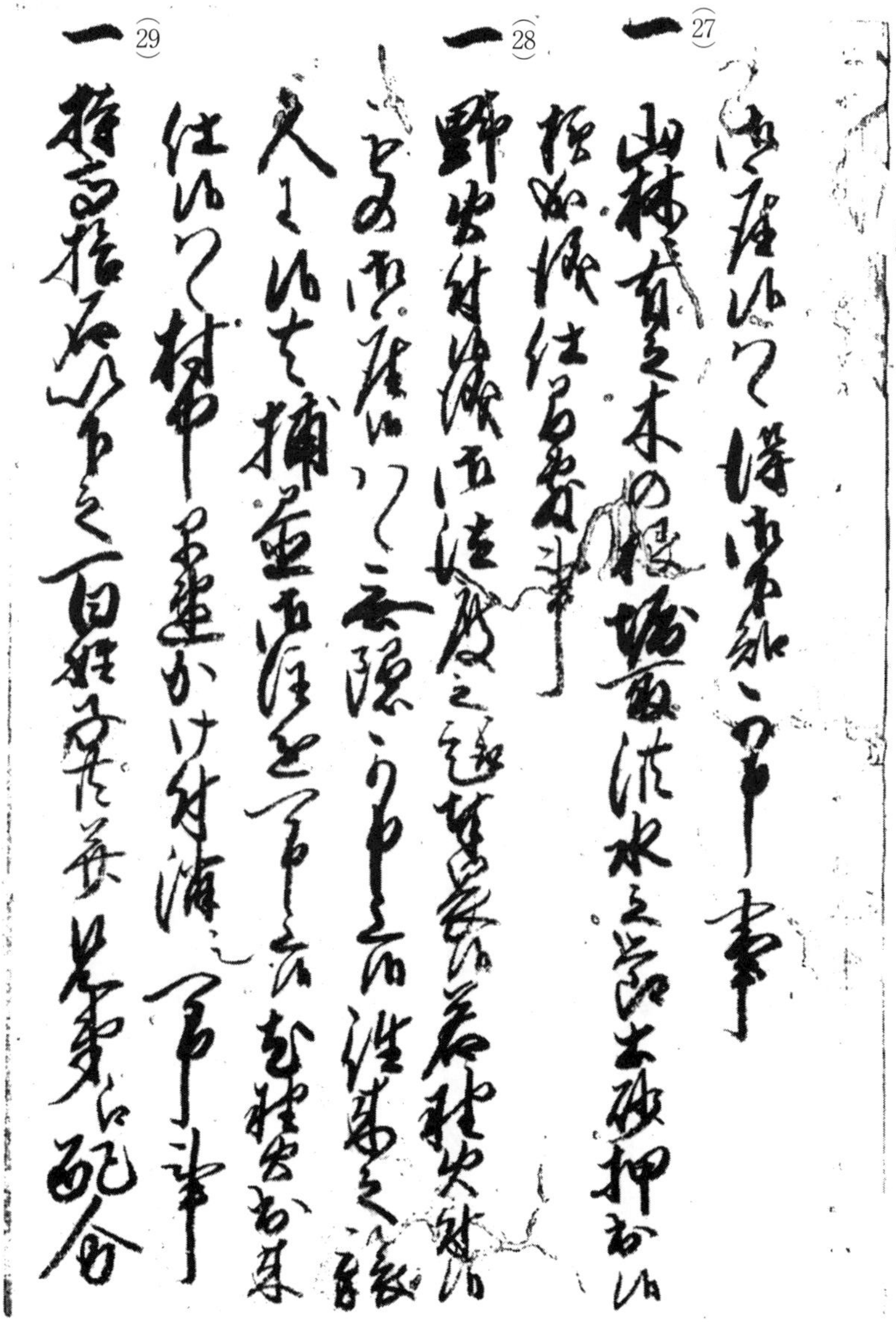
㉗
㉘
㉙

㉚
住吉殺害事
附若曲細配分資入家之條、出現申之時
御下知事
一 大小之一向雖為住吉社神領、法度之旨
御年貢以下之事関武家被官方息り又者
御公事等并縦雖為下知之、隨分一向雖
職事之事地公事以下之輩出入之次第毎
為御法度之、猶於有之者、以後可致沙汰之旨

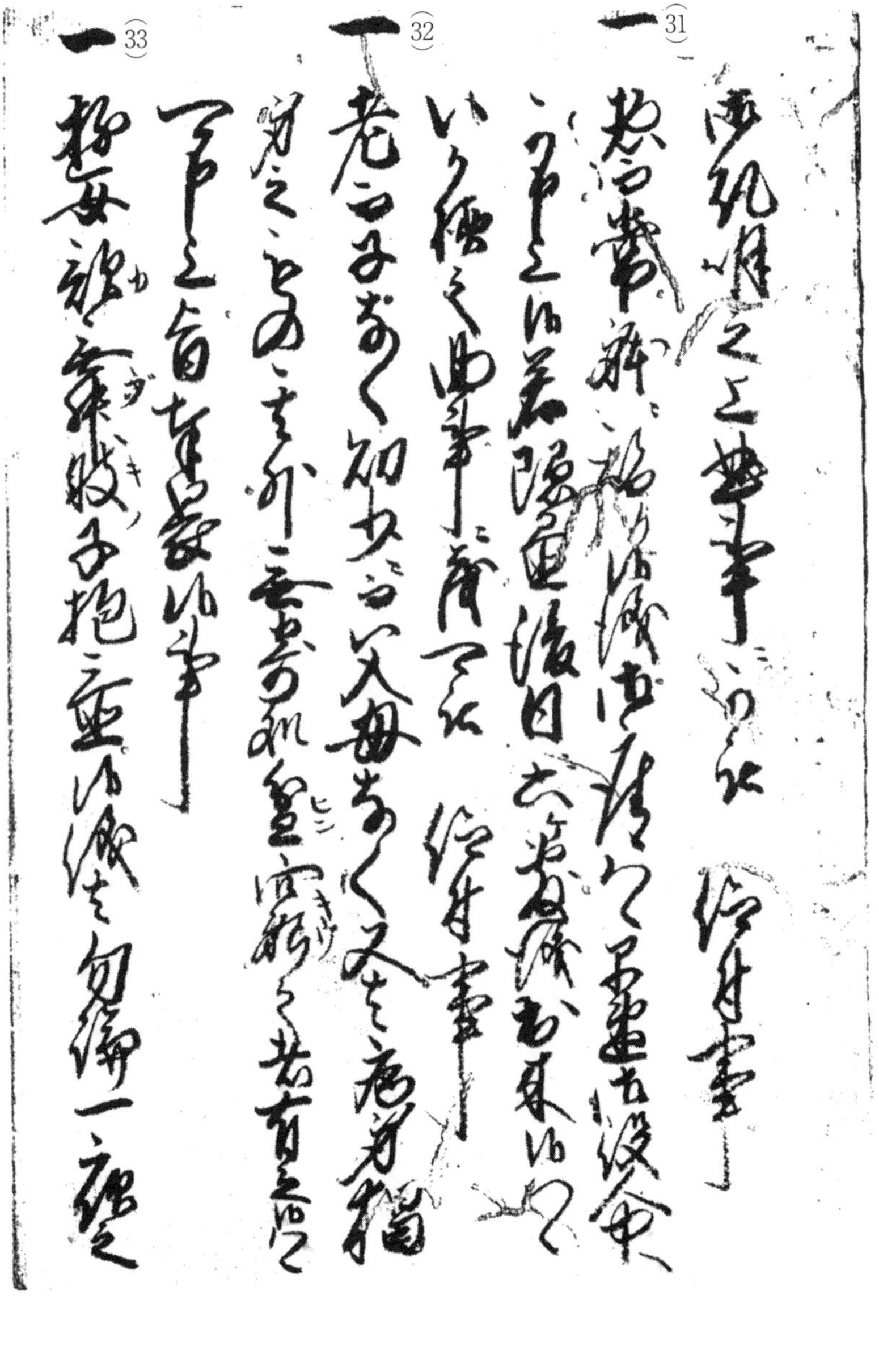

當役ハ、かし中ニ而茂ニ於越度人不残一同ニ無之
金銀之出入ニ而法度之旨を　御役替ニ
可為意ニ而支度

一㉞盗賊之儀ニ付而出家衆茂迄入盗如遠入
手形ハ、役之者ニ可申事

一㉟賭之勝負ニ而懸酌ニ付中ニ而酒様之外目合之儀
札ニ新酒造ニ付商賣ニ而事

一㊱寺社ニ附持神主ハ、右躰之事を可上候ハ

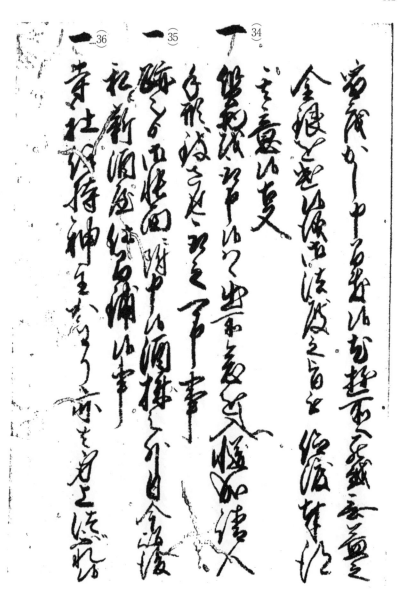

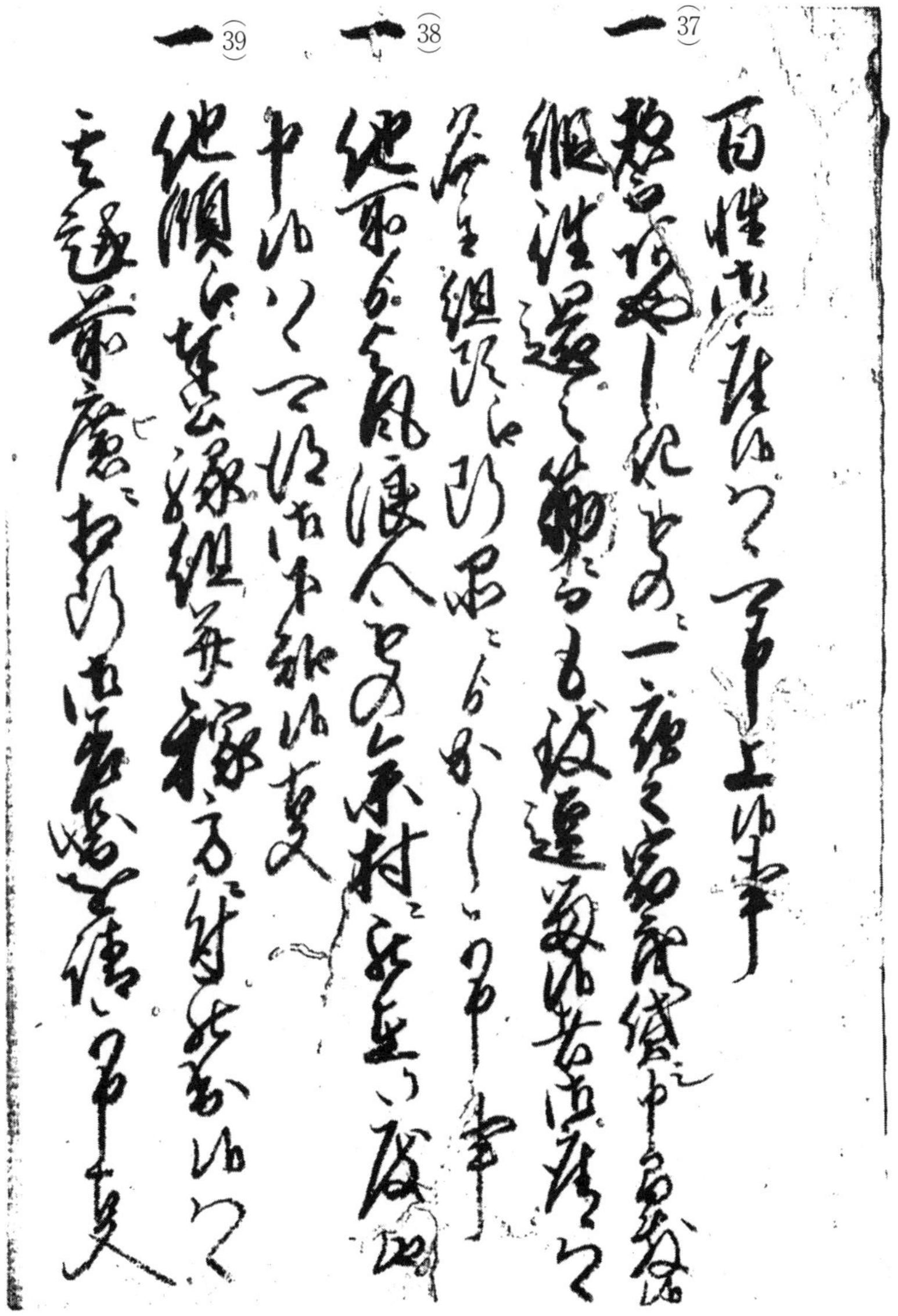
㊲
㊳
㊴

一 ㊵
旅人於煩候ハゝ致介抱、宿役人中江
申達、村中之者共年寄・五人組・番人相附
置、相改候而ニ而医師をも懸ヶ、薬を給させ、随分養生
させ、若病人も相果候ハゝ、其所之者ニ而
可致、其者国所相尋、其国所之人ニ候ハゝ
早速ニ而申遣、都而承届可申候、若死
去候道中ニ而、其身所持之金銀ニ不限、若
至之ハて浮浪紙墨札を建置可申

知行[illegible]家来持之所ニ相渡可申候事
[illegible][illegible]ニ而ハ出[illegible]候者御座候ハヽ[illegible][illegible]
[illegible][illegible]候て[illegible]可申候事

一㊶欠落者抱置申間敷候、若欠落いたし候者
隣郷他領之者迄候ハヽ、百姓直ニ差置候て縁類親類
縁者也といふとも宿かし申間敷候
[illegible]来[illegible]知者ニ宿かし候ハヽ、五人組村中
迄[illegible]山林ニも置申間敷候事

一 ㊷ 精霊かけの諸職ニ賃一切仕候義ハ[illegible]
中ニ而の分ニ付て寄合申者有之[illegible]人を以及申ニ而
組頭共ニ掛申事ニ可致　仰付事

一 ㊸ 縁辺縁組之義者不及申ニ付て[illegible]慥ニ而家屋[illegible]
請人を立可申候事

一 ㊹ 奉公人請ニ立申者ハ縁組[illegible]
縁之外ニ而慥成ものニ付て[illegible]人[illegible]
或ハ慥成請人ニ立可申事

一（45）村中之悪徒党ヲ成し候歟又ハ神水を呑誓紙を以一味同心ニ而悪事を巧候儀全仕間敷候事
一（46）独身之百姓煩候而耕作成兼候ハヽ五人組之内助合を可申事
一（47）佛事祭礼ハ不依貴賤分限ニ過結構仕間敷事
附、神社佛閣不論新規之寺社建立之儀并上相庵寺建立仕候儀御法度之通可相守事

一 ⑱ 嫁娶聟入之儀式万端随分軽仕、おごりケ間敷儀一切仕間敷事
一 ㊾ 狼藉之者来候ハヽ一切宿之儀御停止ニ候、[illegible]候ハヽ早々申上可申事
一 ㊿ 諸材木[illegible]出作[illegible]有之候而[illegible]おさへ[illegible]人を付[illegible]候而[illegible]合掛[illegible]自然掛候[illegible]家[illegible]

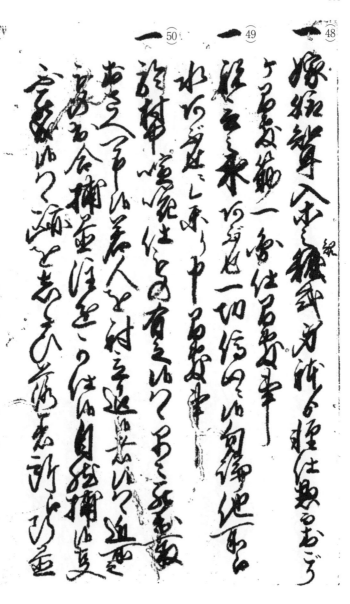

諸事申付可申事
一(51)御林ハ居屋敷廻一切之中ニ而茂竹木ハ大切ニ
百姓下拾完ニ而茂候ハヽ不及申田畑之地所
余之大酒給中ニ而茂猥ニ茂相酔
候ハヽ以之外越度ニ可被仰付事
一(52)惣而百姓之身分ニ而内証ニ而候者有之者
五人組為相判請判人可申候ハヽ可仕事
判形五人組之前ニ而相違無之候

一 ⑤53 御つく御役人中ニ浮[illegible]可申事

縫之茶飯之儀、目安ニ而若中ヲ見苗ぬ御蔵ニ而ニ

御魂見人、御ちからニ而叶候、御つく名主ハ、御役人中ニハ

五郎中ニ百姓ハ名主ハ中郎御中茶飯ニ始

丁目御想茶飯不生身ニ附持人ニ不誤候、

加害宿ニ候むさと正中名ニ[illegible]事

附名主等ニ而小百姓茶飯ニ御座候之

刻をニせ手細ニてとる事とぞニ生得之

上方へ罷越下り候者押而判形致させ
候儀ハ勿論無断名主方へ断無き
申間鋪事
一 (54) 惣市町并商人手前分銅秤改候共
桝斗同前ニ而売買致商人ハ不及申
私として致候ハ其並分量中悪敷候ハヽ
むさと賣申間敷事
附 穀物類絞油ニても何ニよらず買

要入重仕可申候事
一㊺鉄炮之儀者殺生様ニ栽ハ所ニ寺擬儀無拠之
於村中ニ而持候ハ其上殺ハ鉄炮とめ
割紙ニ書様子ニ記之ハ通夜取若者中
可申改事
一㊻御役人衆同ニ而家来衆ニハ少々とめニ而候
其外并池之ヶ所殺生之儀一切仕間敷事

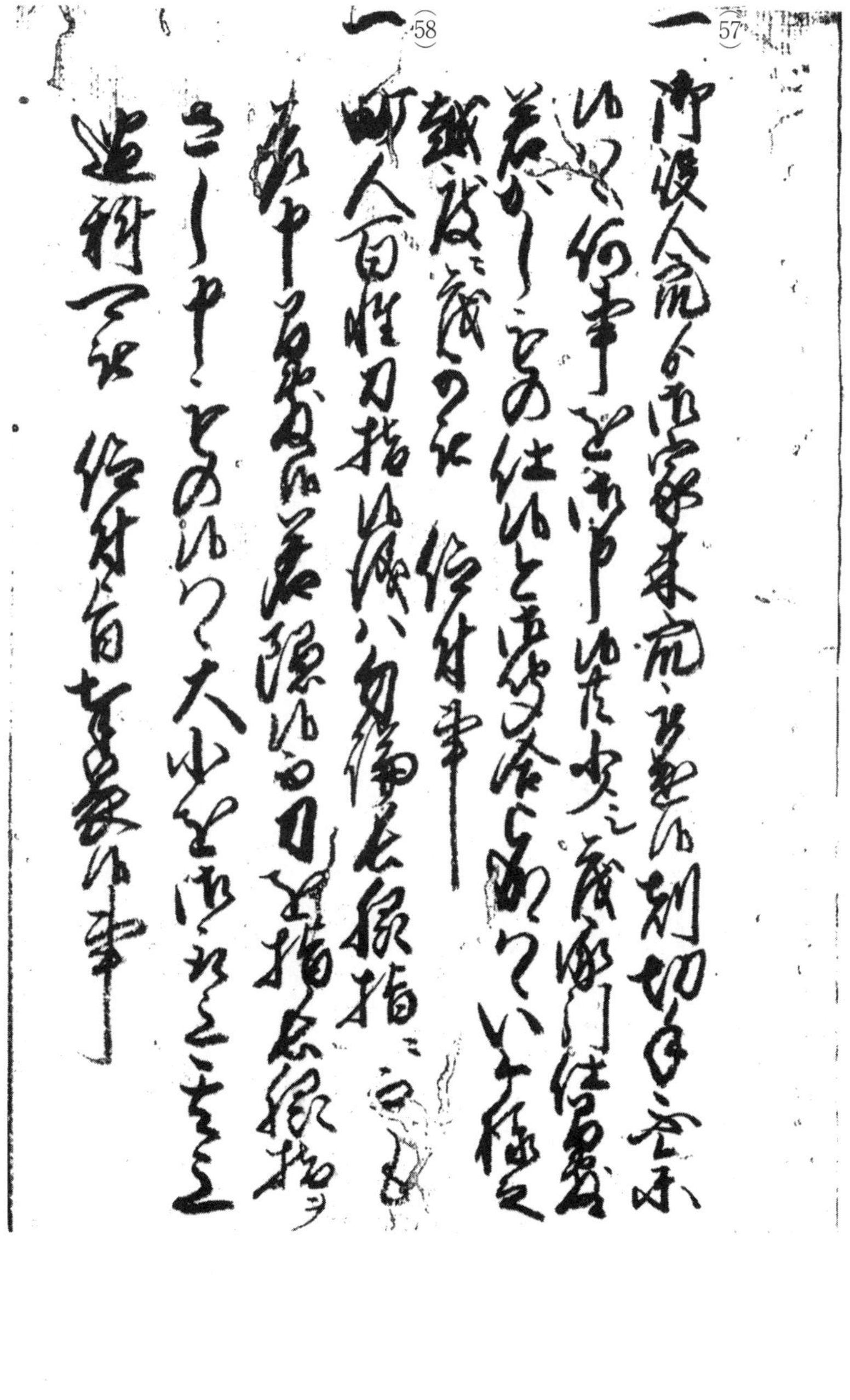
57
58

一 59 御家抱随分念入候ハヽ、そゝけ見届候
書付を以寺請之儀ニ付、往々家抱共ニ迄可為届
通り往之相納候ハヽ、其家ニ見届候宜敷
御札上札家主ニ而定之通り、家毎ニ抱之
ニ申ニ而又御年貢并金納仕候
家主方ニ而急度無之候様致し候もの心
小前惣代ニ而其ニ而申候而名御座候ニ念入
右之納人割取為致ニ宜敷申候義

仕候由及承候ハヽ出合候ハヽ何方ニ而も
搦置候儀ハ勿論注進可申事
一⑳御留山通之郎川下ヶ海上ニ而寄材《サイ》
惣而其村中拾候之者寄置申候ハヽ届
迄ニ又ハ他所之者ニ渡切ニ仕候得候
取集置不申《テ》上納可申事
一㉑御上納米何国之浦ニ破船仕候ハヽ

船頭上乗之者浦々役人継送ニ而早々
其所之者様子委細ニ相見届浮荷沈荷
船積荷之儀浦手形ニ我等印形ニ可差出
可申上候若浦々之ものニも不申出
浮《フ》沈之儀数浦手形ニも書記可申候
一 自然荒納下仕事
㉜ 一 船舎金銀ハ勿論小性茶ハ種毒薬雑
賣買一切仕間敷候若之遣候ハゝ其旨

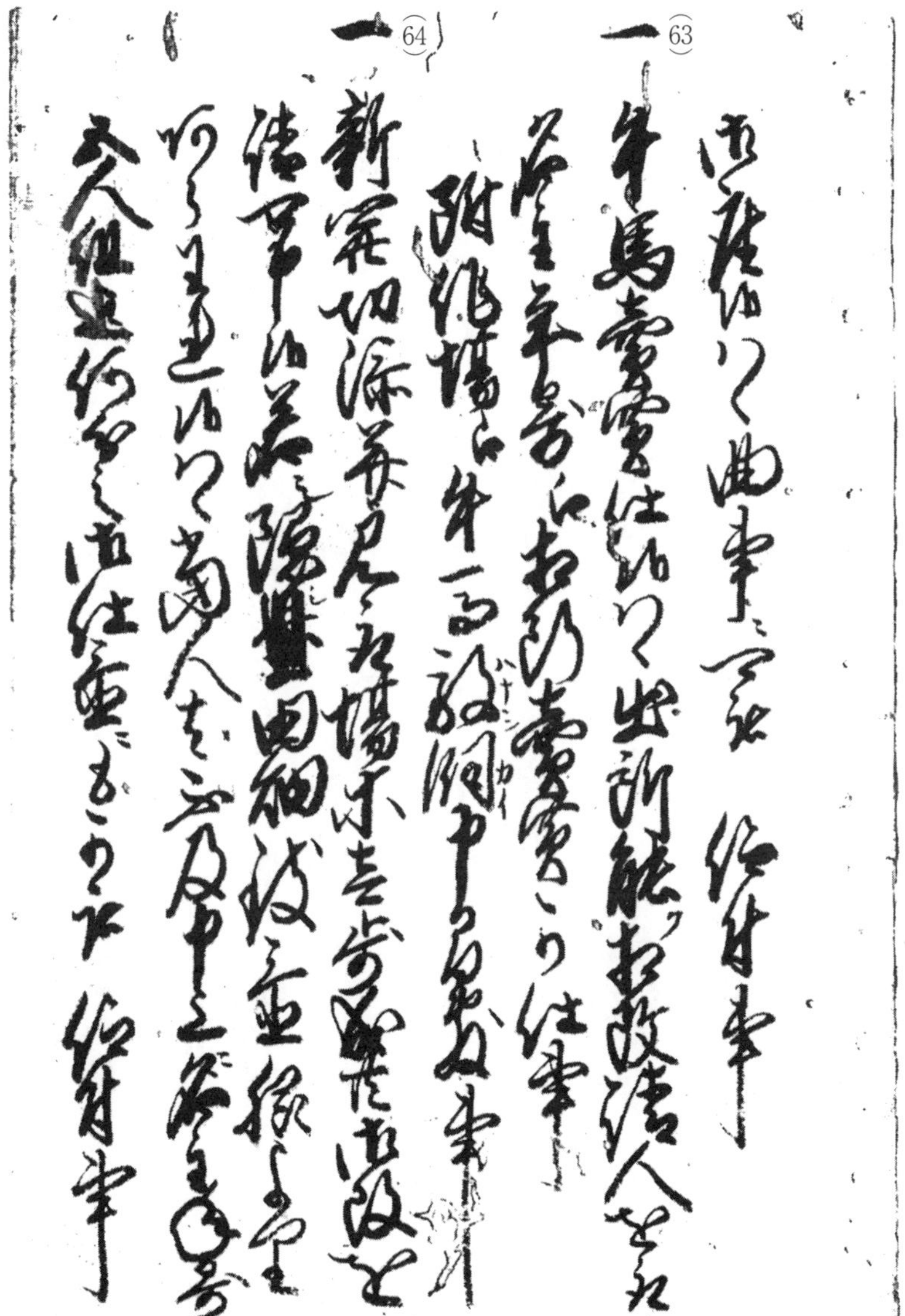

附、御検見ニ者坪苅見合之割付候之竟
地面之引遣ニ至迄、念入仕、後日ニ何方
出入無之様可仕候之由事ニ候ハヽ可相守事
一 ⑮ 新地之寺社、縦令小庵ニても一切
建立仕候義ハ并[illegible]之廃寺跡
石壇田畑ニ建申間敷事
一 ⑯ 名主年寄ゟ小百姓ニ対し非道成儀有之
ハヽ可申出、又小百姓ゟ我儘仕

一⑥⑦若年寄衆并奉行ニ及不申候ハヽ是又
御注進可申上候事
若年寄衆宜役給来人念を以割
懸申石高ニ応し百姓割付候ニ付候而
候其外給物書ニ本紙ニ無之入用
不致様ニ可仕事
附、名主組頭村中寄合候而割酒者
勝手ニ中間無用事

一 ⑱ 町人百姓分限ニ過たる家作結構致間敷事
附、新規ニ家作り仕候て遣取り申上
諸役所へうけこ申事

一 ⑲ 金銀八木借之外何方ニ而も請取渡し
兼而合之證一札ニ而堅切ニ手形取置
以後出入無之様ニ可仕事

一 ⑳ 御役人中御用ニ而御通候村ニ而泊ニ而宿
之者薪塩味噌者壱泊者泊上者壱人ニ付

本錢ニ拾五文、下ニ而壱人ニ付拾七文ゟ下
御掃除之者并新規等水夫を一切役ニ
相勤可申候其等可被仕事
附、定徐上拾七文ゟ下九文迄本錢ニ而拂之
然者更ハ御法度ニ候、惣而百姓ニ而ハ可申候
急度相之人物多大勢集り申間敷事
一 (71) 数多御用ニ付而、右仕候人馬并水夫御役申
御座候ハヽ可降《ヨ》詐《ケイ》之人へ為可申上候

相互ニ油断仕間鋪儀急度申付〆
何ニ而も賣買ニ而取扱候儀仕間鋪事
一⑫他人組之儀町ハ家並郷村ハ田畑近キ方ニ而
五人宛組合ニ而相互ニ相親ミ悪事を組候ハヽ
相違一味之儀者其組仕組合可申立
可為儀ニかけ可申事
一⑬猥ニ御法仕置之儀其外鉄炮打之者相招候ハヽ
其村之吟味ヲ可申之通ニ候 諸役人遂

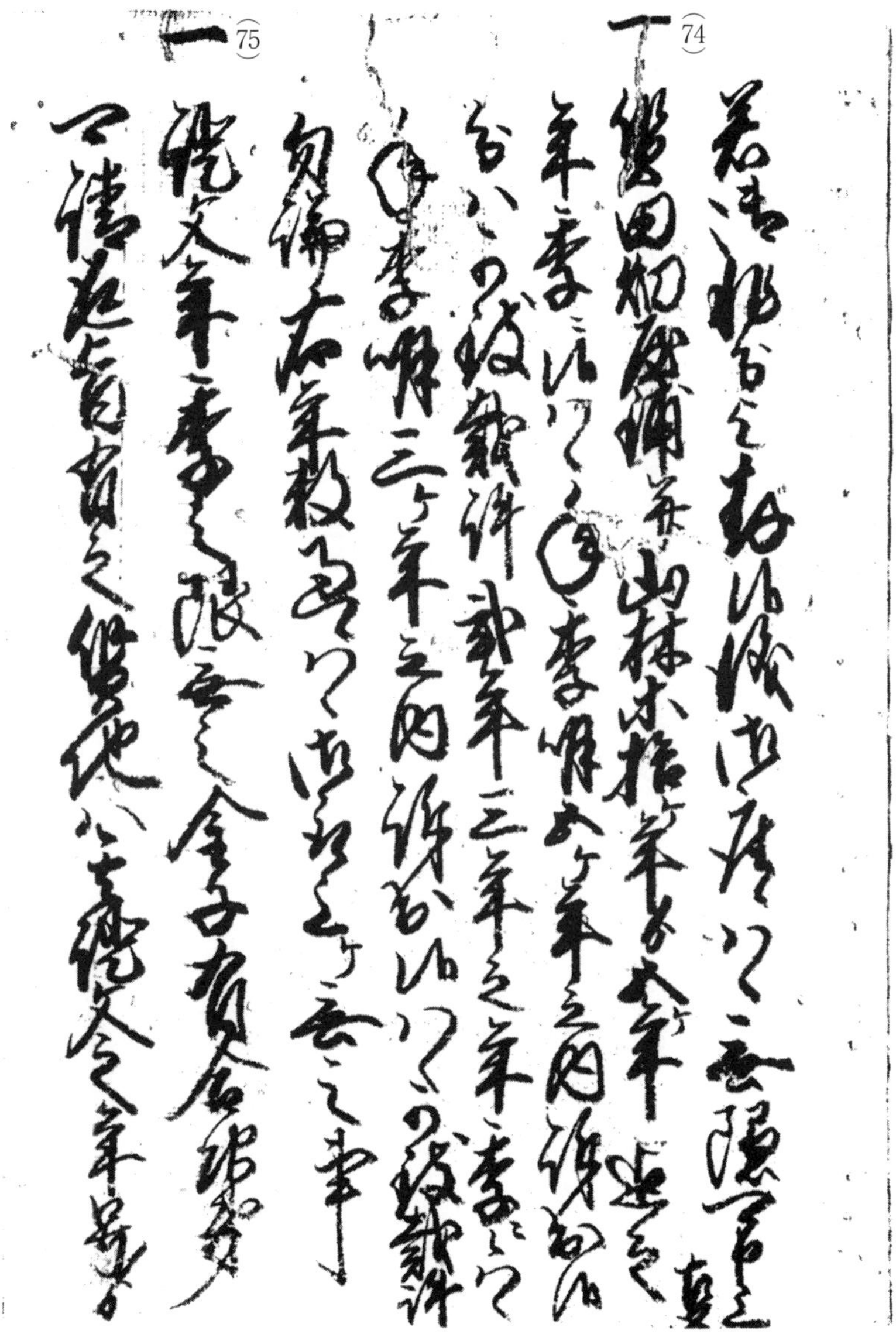

一⑯
指ヶ筆之内結構ニ而高直成指ヶ筆
為無用候ニ付停止之事
蒔絵之筆数ハ以指ヶ筆ニ限其餘之
巻筆等ハ不及申ニ停止之事
附蒔絵縫文字之類生物利ニ停止之仕来
停止之亜生花生ニ而相花生又其外
組込筆出判ニ停止之ニ而是又仕来候

一　云之事
右條々一々承届仕念入組合急度相守可申
上若女房相背候者若者沙汰候ハゝ早々
申違可申上候若隠置御吟味之上其
仕候ハゝ其人同前組中迄も仕置可被
仰付候為後日仍如件
寛延元年辰十月

下総國相馬郡[illegible]村
発起 平四郎
總代 傳兵衛
同 庄次郎
同 三郎兵衛
同 武兵衛
同 七郎兵衛

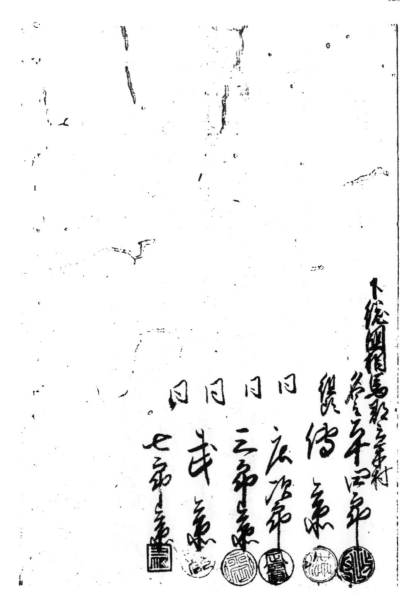

（以下十四組　人の組み合わせは中略）

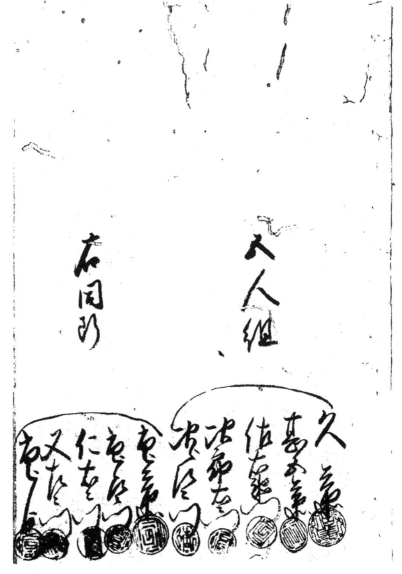

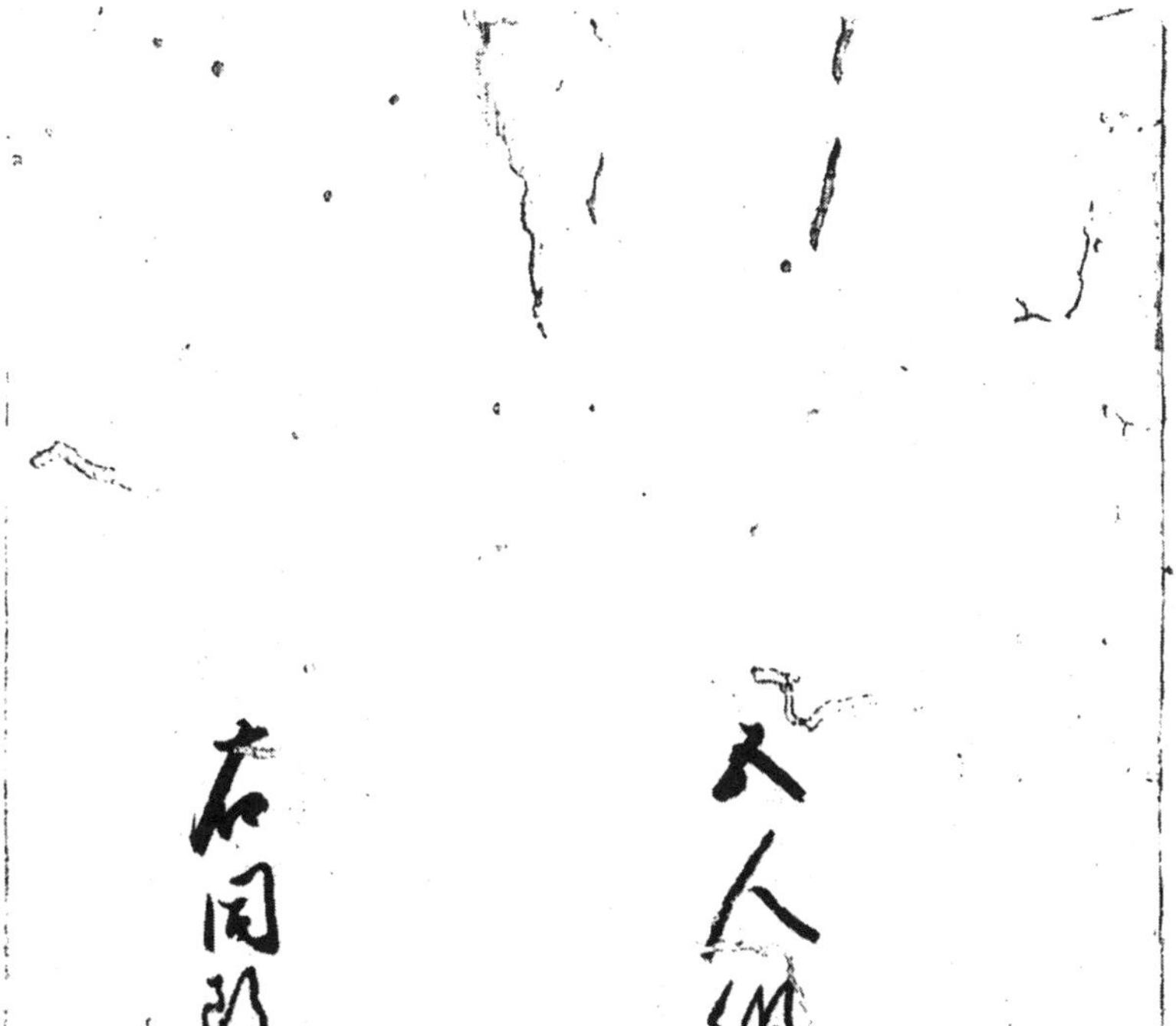

新田

庄兵衛
吉郎兵衛
長右衛門
又兵衛
仁兵衛母
長兵衛
庄左衛門
吉右衛門
惣兵衛

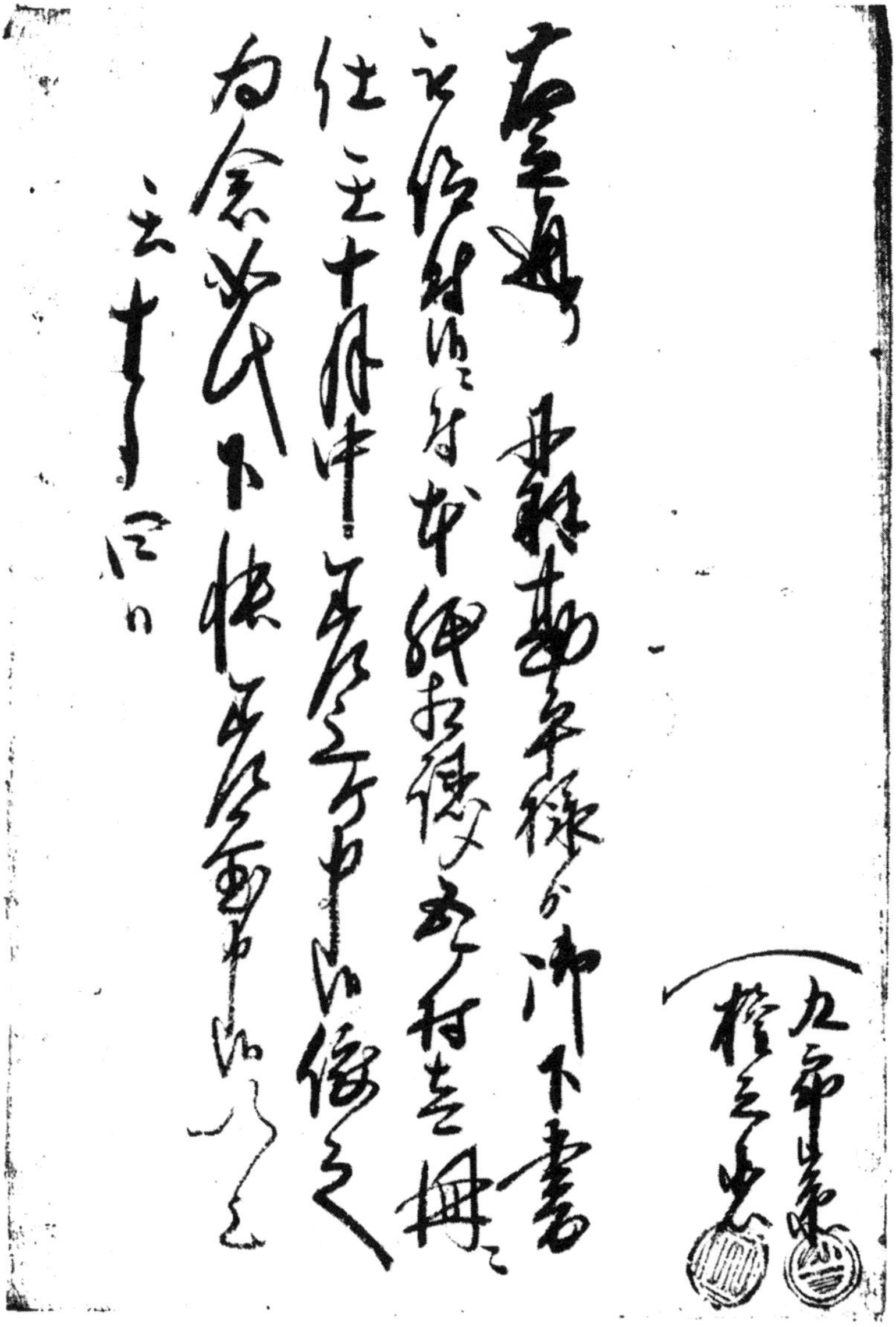

【釈　文】

（表紙）
「
寛延元年
五人組御仕置帳
辰ノ壬（閏）十月　　下総立木村
」

差上申五人組手形之事
一①前々被仰出候御條目之趣并自今以後被　仰出候御法度之旨堅ク相守可申候事、
一②切支丹宗門之儀、毎年御改之時寺請証文差上ヶ侯通、期《ウ》（胡）乱成者無御座候、若シ不審成もの御座候ハヽ、早速可申上候、隠置脇よりあらわれ候者、名主・五人組いか様之曲事ニ茂可被　仰付候事、
一③御制札場見苦敷無之様ニ大切ニ可仕事、
　附り、朽損候者加修理、新敷建替候刻者、御断申上、得御下知可申候事、
一④主には忠を尽し、父母には孝を尽し、夫婦兄才親類朋友にむつましく、召仕之者ニ至迄憐愍を加江可申旨被　仰渡承知仕候、若シ不忠不孝之者御座候ハヽ、曲事ニ可被　仰付事、

一(5)人売買御法度之旨堅ク相守可申候、勿論人売買仕候者ニ一夜之宿茂かし申間敷候、年季之儀者拾ヶ年ゟ永年季仕間鋪候、一季居之奉公人茂堅ク請人を立、請状取召抱可申事、
一(6)衣類之儀名主者妻子共ニ結(絹)紬布木綿、脇キ百姓ハ布木綿着可申候、此外詰構《ケツコウ》(結構)成者一円着用申間鋪候事、
附り、有徳成ル脇百姓結(絹)紬着申候ハヽ、御役人衆江相断、御差図請可申候事、
一(7)田畑永代売買御停止之旨奉畏候、年季を限り質入拾ヶ年を過申間鋪候事、
一(8)田畑売買質入ニ仕候共、名主・五人組江為申聞、名主・年寄以裏判手形取之可申事、
附、名主・年寄加印無之分者、以後及出入ニ候共、御取上ヶ無之旨奉畏候事、
一(9)田畑耕作之儀、常々情(精)出シ可申候、若不情ニ而不応地面悪敷作り候ハヽ、御詮儀之上何分之御科ニ茂可被　仰付事、
一(10)食物之儀耕作之時分者格別、平生ハ雑穀を用、米を大切ニ可仕事、
一(11)御取箇之儀名主・年寄・地主等立会、壱畝壱歩之所迄茂明細ニ立毛下見念を入、所々ニ而目ためし、坪苅下見帳差上可申候、御検見之刻此帳面を以御引合御改可被下候、若シ下見升付より御改合毛多候者、増合可被　仰付候、尤右之御勘定を以御割附御差出之上者、御取箇之儀ニ付御訴訟并納所難渋《ヂウ》仕間鋪事、
附、畑方作物之儀も右准《ジユンシ》　帳面ニ書記差上ヶ、御検分を請可申候事、

一⑫御年貢御割付御出シ被遊候砌、惣百姓水呑并入作之者共ニ至迄不残立会致拝見、無高下致免割、霜月晦日切急度皆済可仕事、
附り、付(マヽ)荒引方等之儀、人別小前御書付出候通り、無依怗《エコ》貟(贔)屓《ヒイキ》割渡シ可申候事、
一⑬御年貢之外村中年中諸入用之儀、御役人衆判形被成御渡シ候帳ニ細に書載、名主・組頭其場江立会候もの致印形、極月勘定之時分惣百姓并入作之者迄寄合、明鏡ニ致割合、高壱石ニ付何程懸りと書付、此外村中入目少シ茂無之と致奥印、其帳面弐冊相認メ、村ニ一冊置御役人衆江一冊指上ヶ可申候、但シ当座割ニ可成事、当座ニ取集別帳ニ記、是又御役人衆へ懸御目ニ、押切御印形取置可申候事、
一⑭御年貢皆済無之已前穀物一切他所江出し申間鋪候、若シ御年貢上納不仕、致欠落候百姓高割ニ仕弁済可仕候、初秋ゟ御年貢之儀五人組切ニ致、吟味滞義御座候ハヽ、早速御注進可申上候事、
附、欠落人持高・山林・家財・諸道具之儀、名主・年寄・五人組立会、帳面ニ記置之追而得御下知可申候事、
一⑮御蔵番無油断可仕候、若シ火事・盗人に逢、御米不足仕候ハヽ、村中として急度弁納可仕候、番之者不念仕候者、御詮儀之上曲事可被　仰付事、
一⑯火之用心常々大切ニ可仕候、若シ火事出来候ハヽ、早々出会消シ可申候、火之元近き所ハ勿論、遠所ニ而茂不出合者候ハヽ、曲事ニ可被　仰付候事、

一⑰御普請人足御扶持米、其外被下もの当座ニ立会、割渡シ手形取置小入用帳面差上ヶ候刻入御覧可申候、惣而次合勘定一切仕間鋪事、
一⑱御朱印伝馬人足之儀、少も遅々無之様ニ急度相勤可申候、若シ遅々仕候者、曲事ニ可被　仰付事
一⑲宿場者勿論、定助・大助郷ニ而茂、人馬無滞相勤可申候、尤年中人馬差出シ候留帳并駄賃銭之員数其時々記置之、入御覧ニ可申事、
　附り、本宿問屋・年寄ゟ人馬割付入用書相添、差上ヶ可申候事、
一⑳御公儀様御用之御配府（符）等何方ゟ申来候共、昼夜風雨をいとわす、急度相届ヶ可申候、尤日付刻付仕間鋪候事、
一㉑武家之御家来衆村中御通り、人馬就御用御雇被成度旨被仰候ハヽ、何方ゟ何方へ御通り被成候御主人御名字、共（供）人茂名（ママ）名字承届ヶ、御定之駄賃銭相考相応ニ取之、人馬出し可申候、御伝馬次ニ而無之候とて、致疎《ソ》略間鋪事、
一㉒就用水ニ浄（争カ）論於有之ハ、田地渇水ニおよび不申内ニ御注進可申上候、理不尽ニ水を引申間敷候、并領境・村境・野山等之出入御座候ハヽ、先規之証拠を以正路ニ先江相断可申候、然共承引無之候ハヽ、早速御注進可申上候、縦先より何様之無理成儀申懸ヶ候共、切合たゝき合候様成儀、聊仕間敷候事、
一㉓統《スヘ》而訴訟願出入等之儀出来候者、言葉をかざらす、其趣有躰ニ書付を以可申上事、附り、小百姓

之願筋、其謂なくして名主・組頭私にむさと差押申間敷事、
一㉔川筋之村々大雨ニ而水出候時者、惣百姓不残川端江出、堤川除押崩《ク》不申様ニ情（精）出シかこひ可申候、若シ不出合者御座候ハヽ、曲事ニ可被　仰付事、
一㉕田畑仕出シ候とて、懸堀・落堀并道をせばめ候ハヽ曲事ニ可被　仰付事、
附、道端無油断造り、往還之障りニ不罷成様ニ可仕事、
一㉖御公儀御林・御□藪《ヤ》者不申及、百姓四壁之竹木成共、猥に伐あらし申間敷候、入用御座候ハヽ、得御下知可申事、
一㉗山林ニ有之木の根堀（掘）取、洪水之節土砂押出候様成儀仕間敷事、
一㉘野火付候儀御法度之趣奉畏候、若野火付候もの御座候ハヽ、無隠可申上候、往来之旅人に候者捕置、御注進可申上候、尤野火出来仕候ハヽ、村中早速かけ付消シ可申事、
一㉙持高拾石以下之百姓、子共并兄才江配分仕間敷事、
附、惣而田畑配分・質入等之儀ハ御断申上、得御下知可申事、
一㉚大小之百姓御仕置を軽し、御法度を不用、御年貢等引負或者稼《カ》方《ヲ》怠り、又者常々名主・年寄・組頭之下知に不随友百姓ニ悪事をすゝめ、公事を好、出入等取持物毎正路ニ無之、家侭（我）成者御座候ハヽ、早速可申上候、御糺明之上曲事ニ可被　仰付事、
一㉛惣而常躰ニ替り候儀御座候ハヽ、早速御役人中へ可申上候、若隠置後日六ヶ敷儀出来候ハヽ、いか

様之曲事ニ茂可被　仰付事、
一㉜老而子なく、幼少ニ而父母なく、又者病身・独身之もの、其外無寄処貧窮《ヒンキウ》之者有之候ハヽ、可申上旨奉畏候事、
一㉝遊女・歌舞伎《カブキ》ノ子抱置候儀者勿論、一夜之宿茂かし申間敷候、尤遊所へ罷越無益之金銀を遣候儀、御法度之旨被　仰渡奉得其意候事、
一㉞質物を取申候ハヽ、出所念を入、慥成請人手形致させ取之可申事、
一㉟跡々ゟ御帳面ニ附申候酒株之外、自今以後私ニ新酒屋仕間鋪候事、
一㊱寺社住持神主かわり、亦者身上つぶれ候百性御座候ハヽ、可申上候事、
一㊲惣而あやしきものニ一夜之宿茂貸シ申間敷候、縦往還之筋ニ而も致逗留候者御座候ハヽ、名主・組頭江断、品ニゟかし可申事、
一㊳他所より与風浪人もの参、村ニ罷在り度由申候ハヽ、可得御下知候事、
一㊴他領江奉公・縁組并稼方ニ付罷出候ハヽ、其趣前広《ビ》ニ相断、御差図を請可申事、
一㊵旅人煩出し候者致介抱置、御役人中江其様子申上、名主・年寄立会病人所持之品々相改帳面ニ記置、国所を尋迎を呼手形を取病人を渡越可申候、若シ相果候ハヽ、所持之品々荷を付置、国所ゟ人参次第相渡可申候、自然国所も知れ不申相果候ハヽ、三日道端ニ番を付置、其上ニ茂尋参候者無之候ハヽ、得御下知堀埋、札を建置出所知次第所持之品々相渡可申候事、

附、尋参候もの無御座候ハヽ、雑物之儀相伺御差図ニまかせ可申候事、
一㊶欠落者抱置申間敷候、并御年貢訴訟ニ附而、他所ゟ逃来候百姓御座候ハヽ、縦親類縁者たるといふ共宿かし申間敷候、惣而行衛不知者ニ宿かし候儀ハ勿論、村中堂塔野山林にも置申間鋪候事、
一㊷博奕かけの諸勝負一切仕間敷候、若相背申もの御座候ハヽ、宿并当人者不及申上、名主・組頭共ニ曲事ニ可被　仰付事、
一㊸借地・借家之者差置候ハヽ、其出所慥ニ承届ヶ請人を立置可申候事、
一㊹猥ニ人請ニ立申間敷候、然共親類縁者日頃念頃(懇ろ)成間ニて、慥成ものニ候ハヽ、名主・五人組江相断請人ニ立可申事、
一㊺村中之者徒党かましき儀、又ハ神水を呑、誓紙をいたし、一味同心ニ而悪事を巧《タ》候儀、全仕間敷候事、
一㊻独身之百姓煩、無紛耕作成兼候時者、五人組之内助合遣可申事、
一㊼仏事祭礼等不応分限結構ニ仕間鋪事、
附、神社仏閣等、諸勧進寄進等之儀も、身上相応ゟ軽ク仕、過分之沙汰ニ及申間敷事、
一㊽嫁娵(娶カ)聟入等之規式身躰ゟ軽仕、惣而おごりヶ間敷筋、一円仕間敷事、
一㊾祝言之水あぶせ一切停止ニ候、勿論他所江水あぶせニ参り申間敷事、
一㊿於村中喧嘩仕もの有之候ハヽ、早々罷出取おさへ可申候、若人を討、立退候者候ハヽ、近所之もの

出合捕置、注進可仕候、自然捕候事不罷成候ハヽ、跡をしたひ落着所江断置、得御下知可申候事、
一(51)郷中江見せ物類一切入申間敷候、并大小之百性居宅ニ而之儀ハ不及申、市町或者他所へ参候而、大酒給申間敷候、若相背酔《スイ》狂仕候ハヽ、いヶ様之越度ニ茂可被　仰付候事、
一(52)大小之百性息才（災）成ル内遺言状認メ、名主・五人組為加判、後日出入無之様ニ可仕事、
附、名主・五人組之了簡ニ不落遺言致シ候ハヽ、御役人中江得御下知可申事、
一(53)銘々印形之儀自分ニ而替申間敷候、若落シ候歟かへ候者而不叶儀ニ候ハヽ、名主ハ御役人中江御断申上、百性ハ名主へ申断候而、印形替可申候、惣而印形平生身ニ附持、人に預候儀ハ勿論、宿等ニ茂むさと置申間敷事、
附、名主方ニ而小百性印形取之候儀有之刻者、其子細とくと為申聞、遅（互カ）ニ得心之上、印形いたさせ可申候、押而判形取之候儀者勿論、不断名主方へ預り置キ申間鋪事、
一(54)惣而市町并商人手前ゟ調物致候儀者格別、内証ニ而之買物無請人候ハヽ、か（買）へ申間敷候、尤不応分□下直成ルものむさと買申間敷事、
附、穀物類燈油其外何ニ而も、過分之買入置仕間敷事、
一(55)鉄炮之儀御改帳ニ載候外、壱挺茂所持之もの村中ニ無御座候、御帳面ニ載候鉄炮もの別紙御帳面ニ記上候通、少茂相背申間敷事、
一(56)御役人衆・同御家来衆江、少シ之茂のニ而も音物并馳走ヶ間敷儀一切仕間鋪事、

一(57)御役人衆ゟ御家来衆被遣候刻、切手不参候ハヽ、何事を御申候共、少シ茂承引仕間敷、若かしもの仕候と御聞合被成候ハヽ、いヶ様之越度ニ茂可被　仰付事、
一(58)町人・百性刀指候儀ハ勿論、長脇指ニ而も差申間敷候、若隠候而刀を指、長脇指ヲさし申もの候ハヽ、大小を御取上、其上過料可被　仰付旨奉畏候事、
一(59)御米拵随分念入、あらくだけ・死米・腐り・青米・赤米無之様ニ仕、俵拵等迄御差図之通り仕立相納可申候、尤米見升取定置、中札・上札米主御定之通り俵毎に指シ可申候、且又御年貢米金納所仕候節、名主方ゟ当座〳〵に請取手形を小百性江遣可申候、勿論庭帳ニ念入記之納人判形為致置可申候、若シ不念仕後日及出入候ハヽ、御詮議之上何分之越度ニ茂可被　仰付事、
一(60)御米江戸廻り之節、川下ヶ海上上乗《ノ》宰《サイ》料慥成者、村中相談上相究可申候、尤□□(贔屓カ)廻シ又者他所之者ニ渡切ニ仕間鋪候、所米を以テ相納可申事、
一(61)御上納米何国之浦ニ而成共破船仕候ハヽ、船頭・上乗其浦之名主・組頭方へ早々相断、其様子明細ニ為見置、浮俵沈《シ》俵何程有之と浦手形を取、早速御注進可申上候、若浦々之ものニも不申聞浮沈《フチン》之俵数浦手形をも取不申候ハヽ、百性弁納可仕事、
一(62)似(偽)合金銀ハ勿論、にせ薬種・毒薬種売買一切仕間敷候、若シ違背之もの共御座候ハヽ、曲事ニ可被　仰付事、
一(63)牛馬売買仕候ハヽ、出所能ク相改請人を取、名主・年寄江相断売買可仕事、

附、作場江牛馬放飼《ハナシカイ》申間敷事、
一(64)新開・切添并見取場等、壱歩成共御改を請可申候、若シ隠シ田畑致置、脇よりあらわれ候ハヽ、当人者不及申上ニ名主・年寄・五人組迠何分之御仕置ニも可被　仰付事、
附、御検見其外御見分之刻、他領之立毛地面と引違御案内仕候儀、後日ニあらハれ候共、如何様之曲事ニ茂可被　仰付事、
一(65)新地之寺社縦令小庵・ほこらニ而も、一切建立仕間敷候并念仏・題《ダイ》目・庚申塚石塔田畑ニ建申間敷事、
一(66)名主・年寄、小百性へ対し非道成儀有之候ハヽ、早々可申上候、若又小百性我侭仕、名主・年寄了簡ニ及不申候ハヽ、是又御注進可申上候事、
一(67)名主・年寄定使給米金相定候外割懸申間敷候、惣而御用ニ付何方へ罷出候共、質素倹《ソケン》約専ニ相心得無益之入用百性へ不懸様ニ可仕事、
附、免割其外村中寄合候刻、酒・肴差出シ申間鋪事、
一(68)町人・百性分限ニ不相応成ル家作仕間敷候事、
附、新規に家作り候ハヽ、御断り申上御差図うけ可申事、
一(69)金銀・八木・銭其外何ニ而茂、請取渡し算用合之儀、互ニ其座切ニ手形取置、以後出入無之様ニ可仕事、

一(70)御役人中御用ニ而御廻村之刻、御泊り昼休とも、米・塩・味噌御買上、御泊上御壱人ニ付木銭三拾五文、下御壱人ニ付拾七文五分御払之筈、薪・野菜・水夫者所役ニ相勤可申旨奉畏候事、
附、昼休上拾七文、下九文、木銭御払之筈、水夫ハ御差図次第差出シ可申候、尤無用之人勝手ニ大勢集置申間敷候事、
一(71)惣而御用ニ付被　召仕候人馬并水夫、御役人中御差図之外余計《ヨケイ》之人馬差出申間敷候、尤御泊り休宿結(繕カ)普請、畳表かへ、何ニ而も費ヶ間敷儀聊仕間敷事、
一(72)五人組之儀町ハ家並、郷村ハ向《モ》(最)寄近キ方ニ而五人宛組合、其内相応之者を組頭に相建、互ニ諸事吟味仕、銘々身を持立候様ニ心かけ可申事、
一(73)就御仕置筋之儀、御非分与存候儀者無遠慮可申上候由被　仰渡奉畏候、若御非分与存候儀御座候ハヽ、無隠可申上事、
一(74)質田畑屋鋪并山林等、拾ヶ年より五ヶ年迠之年季ニ候ハヽ、年季明五ヶ年之内訴出候分ハ可致裁許、弐年三年之年季ニ候ハヽ、年季明三ヶ年之内訴出候ハヽ可致裁許、勿論右年数過候ハヽ、御取上ヶ無之事、
一(75)証文年季之限無之、金子有合次才可請返旨有之質地ハ、其証文之年号ゟ拾ヶ年之内訴出候ハヽ可致裁許、拾ヶ年過候ハヽ、御取上ヶ無之事、
一(76)質地之年数ハ弥拾ヶ年を限、其余之長年季ハ御取上ヶ無之事、

附、質地証文名主加判無之ハ御取上ヶ無之、置主名主ニ候ハヽ、相名主又者組頭・年寄加判無之
候ハヽ、是又御取上ヶ無之事、
右之條々一々得心仕、念入組合手形差上候上者、少成共相背候者御座候ハヽ、早々御注進可申上候、
若隠置悪事出来仕候ハヽ、本人同前組中御仕置可被　仰付候、為後日仍如件、
寛延元年辰十月
下総国相馬郡立木村
名主　平　四　郎㊞
組頭　伝　兵　衛㊞
同　庄　次　郎㊞
同　三郎兵衛㊞
同　武　兵　衛㊞
同　七郎兵衛 印
五人組
久　兵　衛㊞
甚五兵衛㊞
佐右衛門㊞

次郎右衛門㊞
次郎左衛門㊞

市郎兵衛　㊞
市郎左衛門㊞
仁右衛門　㊞
又左衛門　㊞
市郎右衛門㊞

右同断

（以下十四組　人の組み合わせは中略）

新田
喜　兵　衛㊞
太郎兵衛　㊞
長右衛門　㊞
又　兵　衛㊞

仁兵衛　母㊞
長　五　郎㊞
庄左衛門㊞
太右衛門㊞
平　兵　衛㊞
九郎兵衛㊞
権　之　丞㊞
右之通り　丹羽勘平様より御下書被仰付候ニ付、本紙相認メ五ヶ村壱冊ニ仕、壬（閏）十月中差上ヶ申候、
依之為念如此下帳差置申候、以上、
壬十月四日

【解　説】

解説の前に村役人について記しておきましょう。村落全般の業務に従事するものを村役人と呼びました。多くの幕府領では村方三役・地方《じかた》三役と称して名主（庄屋）・組頭・百姓代が置かれました。

名主は世襲・一年交代・村民の選挙により選ばれましたが、藩側が選定する場合もありました。

組頭は名主の補佐役で、組合頭・年寄・長《おさ》百姓・地首などともいいます。組頭は五人組の頭分とし

たものから選ばれたともいわれますが、定かではありません。

百姓代は惣百姓代・年寄・老百姓などとも呼ばれ、名主・組頭を除いた全村民を代表する立場にあり、村役人に含めない場合もありました。

私は五人組帳の研究をしているわけではないので、五人組帳前書がやたらと長いのは承知していましたが、まともに全文を読んだことはありませんでした。今回あらためて全文を読んでみると、江戸時代の農民生活全般について記されているので、頁数を心配しつつも、ついに全文掲載となってしまったのです。前書は全七六カ条に及びますが、釈文を原文通りに改行すると頁数が大幅に増加するため、これは無視しました。

手許に明和九年＝安永元年（一七七二）の大和国久米村の「御仕置五人組帳」があるので眺めてみると、内容や順番に違いはあるものの全七六カ条でした。

これを見た人は、こんなにたくさんしかもこまごまと決められているのか！　江戸時代の農民はガンジガラメで大変。息付く暇もない。と思われるかもしれません。

それこそ一息入れて考えてみましょう。冷静になって考えてみると、現代のほうが五人組帳前書より守るべきこと、決められたことが膨大にあることに気がつくでしょう。私自身周囲を見回すと目に入ったのが、今住んでいる集合住宅の規約。何カ条もあります。さらに保険の規約などほとんど読んだことはありません。究極は日本人として守ること。つまり法律『六法全書』、これ以上何もいいません。

江戸時代でも前書など覚えている人はほとんどいなかったでしょう。しかも各家庭に一冊置いてあったわけではありません。名主宅に保管されていて、特に必要なときだけ引っ張り出して見たのだろうと思います。

全文掲載したため各箇条ごとに解説をしたら大変なことになってしまいます。しかも多岐にわたる内容。私だってすべて理解しているわけではありません。私以外の江戸時代の研究者も全カ条をきちんと説明できる人はほとんどいないでしょう。それに専門家でなくとも何回か読めばある程度のことは理解できるはずです。

それでは条文をザット見ていきましょう。

第一条二行目の「堅」は前後の関係から読むしかありません。最後の「事」は「古」と「又」が合体したような異体字。「フルマタの事」などともいいます。

第二条はキリシタン禁令に関する事項。二行目の「胡乱」の「胡」が「期」の崩しのようになっています。本書を写した人は「ウ」と振り仮名を付けています。四行目の「脇より…」はよく使われる表現ですが、「密告者」ということです。

第三条の「御制札場」は「高札場」のことで、修理について触れています。

第四条一行目の「は」は「盤」の変体仮名。第四条が守られれば、将軍や大名の世継問題も起きないでしょう。

第五条は人身売買の禁止。年季奉公についても触れています。

第六条は衣類の規定で、一般の百姓は木綿ですが、有徳な者は役人の指図しだいで絹物の着用可。一言いいたくなってしまう。

第七条は寛永二〇年（一六四三）に発令された田畑永代売買禁止令について。売買ではなくあくまでも質入れ。実際には売買となりますが、形式的には明治五年（一八七二）廃止。

第八条には「田畑売買質入」とありますが実際には売買。質入・売買には名主等の加印が必要。加印なきものは訴訟で取り上げないという。

第九条二行目の「不応地面」の読みは「地面に応ぜざる」または「地面に応じず」でしょうか。

第一〇条は、農耕の時節は米食可だが普段は雑穀を食せ、ということでしょう。米が不可なら酒か。

第一一条は御取箇、つまり年貢の徴収に関する記事です。

第一二条も年貢。二行目の「入作—いりさく」は、他領の農民が自領に入って耕作することです。他領の農民からすれば自村から他村に入り込むので「出作」となります。入作であっても年貢諸役は農地のある村の掛になります。

第一三条の四行目の「明鏡」は隠しごとなくすべてオープンにということ。

第一四条では、年貢納入を済ますまでは穀物の売買を一切禁じています。三行目の「欠落」は「かけおち」と読み「駈落ち」のこと。「欠落」とは見事な当て字です。村から労働力が欠落《けつらく》するわけですから。駈落ちというと芝居などの影響で好き合った男女が手に手を取って出奔と思われがちですが、一家揃って夜逃げをしても欠落。「オラこんな村嫌だ」と、一人無断で出奔しても欠落。

第一五条の御蔵番とは納入前の年貢を収納しておく蔵で、凶作時の貯穀用としても利用されていました。都内では葛飾区に郷倉が保存されており、区の文化財に指定されています。

第一六条では、火災時には何があっても消化活動に従事することが厳命されています。

第一七条。架橋や修理。堤防・道路の補修等の土木工事は村の負担で行う場合は自普請。幕府などから費用が出るものは御普請といいました。ここでは人足たちに支給される扶持米――この場合手間賃の支払いなどについてです。

第一八条は公用通行人馬の負担。朱印状により人馬利用を認められた公用通行は最も権威がありました。

第一九条は宿場で人馬が不足したときの補充である助郷について。三行目の「記置之」は「これを記し置き」と読むのでしょう。「附り」の本宿とは宿場のこと。これに対するのが助郷です。

第二〇条の配府は「符・苻」と書き、配符とは札を配ること。この場合幕府からの指示を記した書類ということでしょうか。

第二一条は村内を武士が通行したときの対応。武士だからといって、特別な公用通行でなければ金も払わず人馬を使用することはできません。村側は一定の運賃を徴収せよということです。

第二二条。用水争論は田地が渇水する前に注進すること。境界論争は証拠を用意して相手に示す。承知なきときは注進すること。切り合い、殴り合いは禁止。

第二三条、訴訟文は正直に記せ。ほぼあり得ないでしょう。訴訟文書は疑って読むこと。一行目「統」は「すべて」と読ませますが、振り仮名は「す」だけ。

第二四条は大雨のときの対応。

第二五条。田畑を造成するとき、堀や道を崩したりするな。

第二六条は公儀の林など周囲の竹木を勝手に切ることの禁止です。

第二七条では洪水時に土砂崩れになりそうな木の根を掘り取ることを禁止。

第二八条の野火付けとは放火のことか。放火でないにしろ、煙草のポイ捨てでもすぐに発火します。江戸時代大火に見舞われた山形県大石田では以降歩き煙草は禁止されたといいます。近代以降は知りません。

第二九条は持高一〇石以下の百姓の土地分与禁止です。

第三〇条。仕置＝罰則を軽視し規則を無視、年貢引負（ひきおい＝年貢未進）、労働放棄、村役人の指示無視、悪事をそそのかす、好んで裁判に首を突っ込む……ことなく真面目に生きろ。

第三一条。いつもと変わったこと―隣近所にということか―があったら直ちに役人に知らせろ。この役人は名主・組頭ではなく、代官等役所の役人でしょう。

第三二条。子のいない老人、孤児、病身の独身者、ようするに貧窮者がいたら届け出ろという。

第三三条。遊女・歌舞伎の子抱え置くというのはよくわかりませんが、一夜の宿も貸してはいけない。遊所へ行ってもいけない。清く正しく生きるのです。

第三四条は質物について。質物はとかく盗品が多かったためです。

第三五条は新規酒造業の規制です。

第三六条。寺の住職、神官の交代及び潰れ百姓は報告するように。

第三七条は怪しい者の宿泊禁止。宿場であっても逗留客は届け出ること。二行目の「縦」は「縦令」で「たとい＝たとえ」です。

第三八条は村にやってきた浪人の扱いです。幕末になると食い詰めた浪人が放浪し村々で一夜の宿を借りたり食事を恵んでもらったりしてます。一行目の「与風」は「ふと」と読みます。

第三九条は他領への奉公・縁組・出稼ぎは「前広＝まえびろ」つまり前もって届け出ること。

第四〇条は行旅病者の取り扱いです。病人は介抱し役人に届け、病人の所持品を改め病人の住所を尋ねて迎えを呼び寄せる。死亡の場合は所持品に苻（札）を付け、関係者がきたら引き渡す。住所不明の場合は三日道端にとありますが、死者を晒して知人を見つけるということでしょうか。番をする方は大変です。いやしたくない。知人が現れなければ遺骸を埋葬。

第四一条は欠落人の雇用禁止。年貢訴訟で逃げてきた者には、たとえ親類縁者でも宿を貸してはいけない。ようするに怪しいものには村内の堂塔野山山林であっても置いておくことは禁止されています。「六十余州に隠れのねえ賊徒の張本日本駄衛門」ではなく「六十余州に住む所なき……」である。

第四二条は博奕・博打の禁止ですが、禁止しても禁止しても今に続きます。

第四三条。借地・借家人の身元は確認し請け人を立てること。

第四四条は四三条に対し、やたらと請け人になるなという。

第四五条。徒党―群れるな。または神水を飲んで誓紙―誓いの言葉などを書いて一致団結し悪事を企むな。百姓一揆などを想定した禁令でしょう。

第四六条。独身百姓が罹病し耕作不能なときは五人組が助け合う。

第四七条、仏事・祭礼は分相応に。

第四八条、婚礼は分相応より少し軽く。

第四九条。婚礼のときなど新郎や新婦に水を浴びせかける風習がありましたが、これを禁じています。

第五〇条は喧嘩が起きたときの対応です。

第五一条では郷中に見世物などを入れることを禁止しています。さらに自宅あるいは他所での鯨飲や酔って暴れることを禁じています。酔ったらわからないと思いますが。

第五二条は遺言状作成の勧め。これは後日裁判沙汰にならないようにということ。これには名主・五人組が関わり、名主・五人組が納得できない内容ならば役人の下知を受けるようにということですが、財産分与まで他人にとやかくいわれたくないと思いますが。それに村の調査をしていたとき、多くの遺言状が出てきたということはありません。

第五三条は印形のことで、勝手に印形を変えることを禁じています。変更するときは名主に断ること。名主が印形を村人の得心もなく預かってはいけない。「ハンコ」のことを現在印鑑などといいますが、印鑑は判を押した紙のことです。この紙を商売相手に渡し判が偽物ではないことの確認に使用されます。二行目の「かへ候者而」は「かえそうらわで」と読むのでしょう。

第五四条は少々意味のとれないところがありますが、余分に物を買いすぎるなということでしょうか。

第五五条は鉄砲についてです。砲は今は石偏ですが、江戸時代は一般的には火偏です。

第五六条は役人への賄賂などの禁止です。音物は「いんもつ」と読み贈物・進物そして賄賂でもあります。

第五七条も賄賂に関するものでしょうか。切手とは商品券のようなものでしょうか。私の読んでいる資料にはたびたび役人へ酒切手を贈る記事が見えます。

第五八条は帯刀の禁止です。しかし長脇指とはよくも命名したもの。「長い脇指」一体これは何だ！

そういえば長い短刀「長ドス」。

第五九条は年貢米の管理について。三行目の米見は米の品質を見ることでしょうか。升取は年貢米を計量すること。その結果米の品質により中札・上札を米俵に差すということでしょう。

第六〇条は年貢米を河川・海上輸送することについて。上乗りとは積荷の管理・監督をする役職のことです。

第六一条は年貢米輸送船が難破したときの対応です。

第六二条は偽金銀や偽薬品・毒薬の売買禁止です。

第六三条は牛馬の売買について。附では作場で牛馬の放飼いの禁止。作物が食べられてしまうからでしょう。

第六四条は新開などの耕地の隠匿禁止。附では検見や検分のとき他領を案内しないようにということですが、役人を他所へ連れていくとは百姓もなかなか……。

第六五条は新たな寺社などの建立禁止。さらに題目塔や庚申塔を田畑に建てることを禁止。

第六六条。村役人の村人に対する非道、村人の村役人に対する我侭は直ちに注進すること。

第六七条。村役人や定使への支給米はやたらと増額しない。附では村内寄合のとき、酒肴を出すことを禁じているがこれが楽しみで村人は集まる。

第六八条。分に応じた家を作れ。

第六九条。金銀や米代金等の受取は計算をきちんとし、裁判沙汰にならないように。

第七〇条は役人廻村時の対応。役人側からは木銭が支払われます。「上」はトップの役人。「下」は従者。「水夫」は「水主＝かこ」とも書く。本来船舶輸送従事者ですが河海から離れたところでも徴収されています。

第七一条。廻村役人一行に余分な人馬・水夫を提供するな。休泊に備え家屋の修繕、畳替えなどするな。

第七二条は五人組の組合せについてで、各五人組に組頭を決めます。

第七三条の仕置は罰則でしょうか。仕置が非分であれば申し出るように。

第七四条。質地などの揉め事は、年季が一〇～五カ年までのときは年季明け五年内、二～三年の年季は年季明け三年内は訴えを取り上げる。

第七五条。年限のない証文は、証文作成年から一〇年間は訴えを取り上げる。

第七六条では質地の年限は一〇年とし、それ以上のものは訴え却下。附では質地証文には名主の加印を、名主の質地証文には相名主又は組頭・年寄の加印を必要とします。

以上全七六カ条ですが、読者の皆さんは突然どっと押し寄せてきたような古文書の津波に、「対処のしようがない！」と思われることとおもいます。そういうときはまず釈文―活字のほうから読んでください。前述したかもしれませんが、大学で近世史を専攻する学生はまず活字化された江戸時代の文章を読みます。活字文をさらさら読めるようになれば、墨で書かれた江戸時代の文も何とか読めるようになるのです。

現代の各種規定や保険などの契約事項を読むことを思えば、まだ楽しく読めると思います。いろいろと想像をめぐらしながら読むと面白いでしょう。頑張って！

手習い七

御用留

代官所をはじめ、村々を管轄・支配する役所からは様々な通達を記した書類がきます。これを名主らが帳面に写し、通達を記した書類は次の村に送られます。こうした通達類を書き写した帳面が御用留です。通達を書写するのが本来なのでしょうが、村内の揉め事や訴訟関係の記録が多くなります。なかには名主の日記が記載されているようなものもあります。御用留の成立などに関する研究もあるようですが、いつごろから御用留を作成するようになったのでしょうか。
ここでは岡山県倉敷の御用留を紐解いてみましょう。

【写真版（表紙は下）**】**

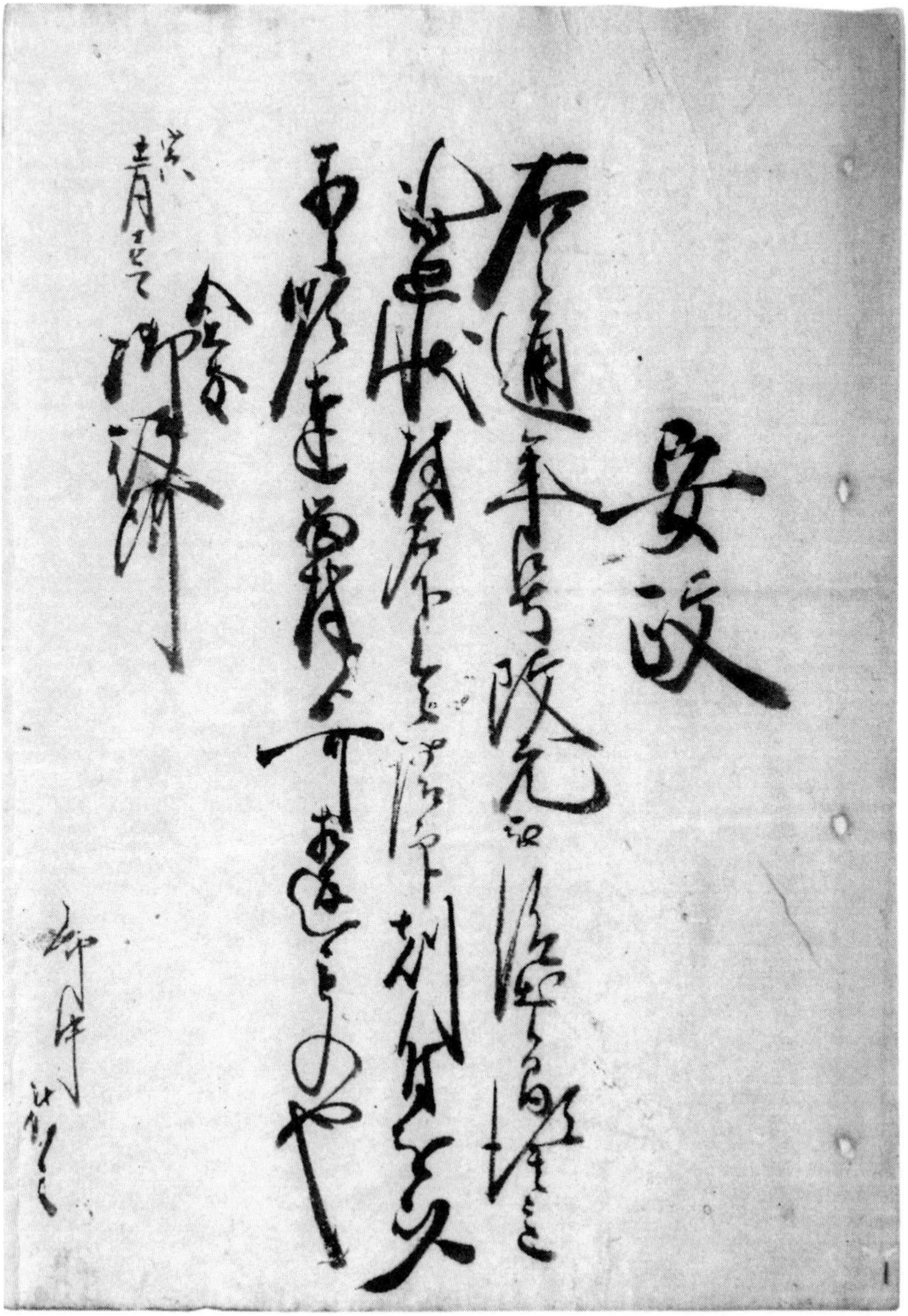

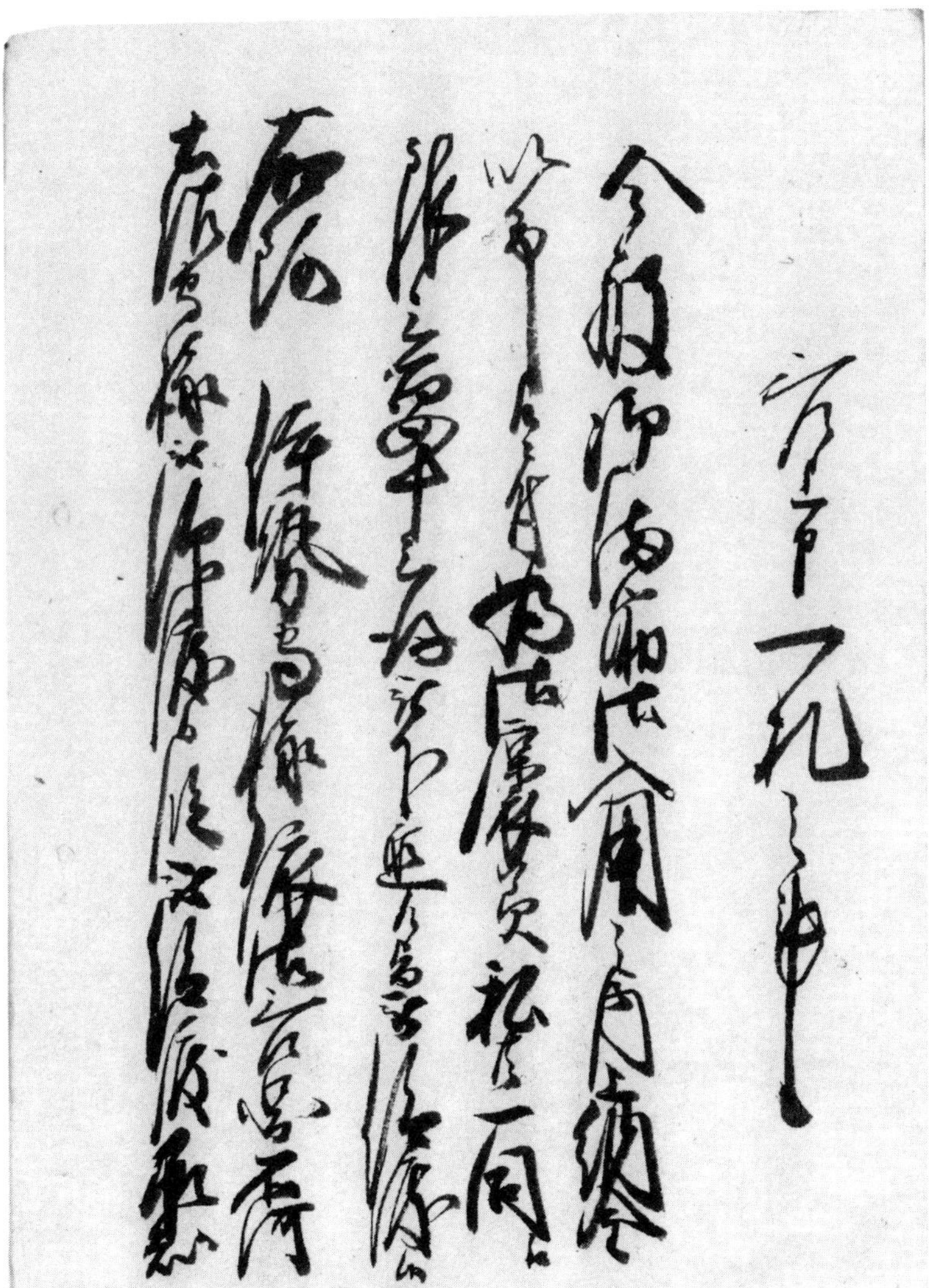

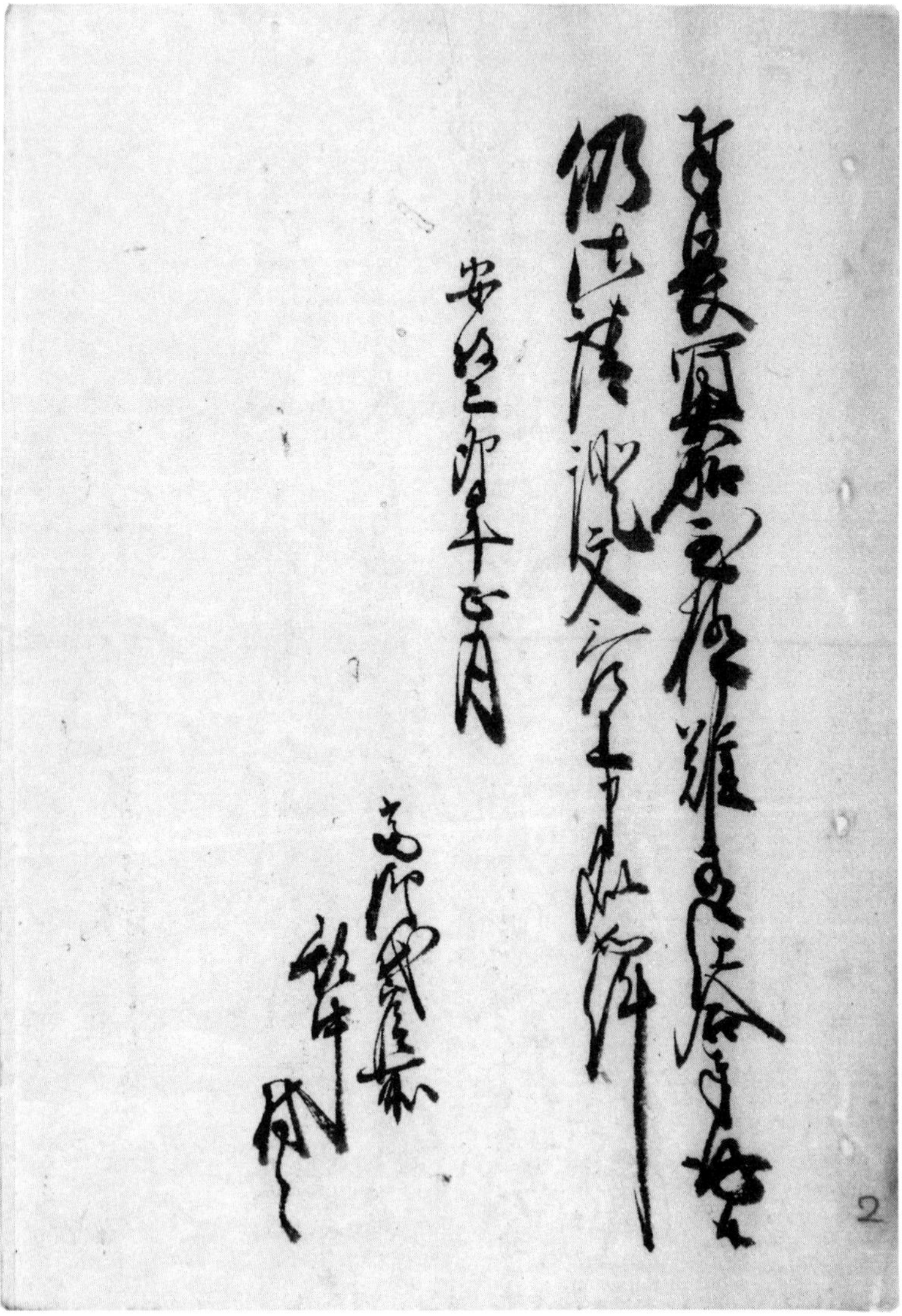
安政二卯年正月

【釈　文】

（表紙）
「　　安政二年
　　御　用　留
　乙卯正月吉日　　」

安　政

右之通年号改元被仰出候間、得其意
此廻状村名下令請印、刻付を以
早々順達、留村より可相返もの也、
寅
十二月廿二日　倉敷御役所
郡中
村々

差上申一札之事

今般御備筋御入用之内、上納金
いたし候ニ付、為御褒美私共一同江
銀三百四十三匁被下置候旨被仰渡候、
右阿　伊勢守様依御差図、石河
土佐守様被仰渡候段被仰渡承知
奉畏冥加至極難有仕合奉存候、
仍御請証文差上申処如件、
安政二卯年正月
当御代官所
郡中
村々

【解　説】

冒頭は改元の通達です。嘉永七年一一月二七日幕府は年号を嘉永から安政に改元します。現代と違いその日のうちに全国に通達することはできません。倉敷に改元の通知が出されたのは一二月二二日です。約一カ月ほどを要しています。少し時間の掛かりすぎのようにも思えます。

改元の触れによりこのような通達の方法がわかります。村々には改元を記した「廻状」が回ってきます。廻状には村名が列記されていたようで、廻状を受け取った名主は村名の下に署名と時刻を書き付け、次の村へ廻状を渡します。留村＝最後の村は廻状を役所に返却します。これにより廻状が村々に届いたかを確認することができます。

本文一行目の「得其意」はちょっと読みにくいかもしれません。二行目の「令請印」は「うけいんせしめ」と読みます。

次の「差上申一札之事」は海岸防備の関係です。幕末になると外国船に備え海岸防備が行われます。当然莫大な経費を必要とするため上納金が命じられます。その褒美として「銀三〇〇余を下し置かる」というのですが、金を徴収しておいて褒美金とはよくわかりません。「阿伊勢守」は老中阿部伊勢守正弘のことで、苗字をこのように省略することがよくあります。

ここには上からの通達を掲載しましたが、この御用留の大半は金銭貸借に関する揉め事に関する記事です。上からの通達が少なかったとも思えないのですが。

おわりに

古文書を読む。次のステップに進むにはある程度江戸時代の村を知る必要があります。村に入る第一歩が村で作成された文書・帳簿類を知ることでしょう。様々な帳簿を次から次へと紹介してしまいましたがとりあえず目を通し、そして文書を読んでみてください。また、本書は近世農村を学ぼうとする学生諸君にとって最適な入門書となるよう工夫しています。農民の日常生活を具体的に知りたいという方は、私が以前書いた『幕末農民生活誌』（同成社刊）を参照してもらえれば幸いです。

本書は勢いで書き上げました。慎重を期していたら多岐にわたる内容の本書を完成させることはできなかったでしょう。そのため随所に弁解の辞。少し削除しようと思いましたがそのままにしました。今後多くの指摘を受けるでしょうが、それをすべて受けとめなんとか後世に伝えられる著書になればと思っています。

本書執筆にあたり、千葉県船橋市市立西図書館および綿貫啓一氏には大変お世話になりました。ここに感謝申し上げます。このほか千葉県袖ケ浦市市立郷土博物館および多田信子氏にも掲載資料のお世話になりましたが、写真版の関係で利用することができませんでした。お詫び申し上げます。

六十《ろくじゅう》の手習《てなら》い　古文書《こもんじょ》を読《よ》む
其《そ》ノ弐《のに》　江戸《えど》の農村文書《のうそんもんじょ》

■著者略歴■
山本　光正（やまもと・みつまさ）
1944年　東京生まれ。
1970年　法政大学大学院修士課程修了。
JR 東日本大人の休日倶楽部において古文書講座を担当。
交通史学会会長。元東京都葛飾区文化財保護審議会会長。千葉県館山市文化財審議会委員。元国立歴史民俗博物館教授。
〈主要著書〉
『幕末農民生活誌』同成社　2000年
『江戸見物と東京観光』臨川書店　2005年
『街道絵図の成立と展開』臨川書店　2006年
『東海道の創造力』臨川書店　2008年
『川柳旅日記』その１・２　同成社　2011・2013年
『六十の手習い　古文書を読む』同成社　2015年

2020年 3 月 31 日発行

著　者　山 本 光 正
発行者　山 脇 由 紀 子
印　刷　亜細亜印刷㈱
製　本　協 栄 製 本 ㈱

発行所　東京都千代田区飯田橋 4-4-8　（〒 102-0072）東京中央ビル　㈱同 成 社
TEL 03-3239-1467　振替 00140-0-20618

ISBN978-4-88621-840-7　C0021